KB074777

여행 일본어

한 권으로 끝내자

소현점 / 김미라 지음

도서
출판 맑은창

여행 일본어
한 권으로 끝내자

처음 펴낸날 ‖ 2004년 8월 20일
두 번째 찍은날 ‖ 2005년 2월 1일
두 번째 펴낸날 ‖ 2005년 2월 7일

지은이 ‖ 소 현 점 · 김 미 라
펴낸이 ‖ 조 명 숙
펴낸곳 ‖ 동산 맑은창
등록번호 ‖ 제16-2083호
등록일자 ‖ 2000년 1월 17일

주소 ‖ 서울특별시 강남구 역삼동 661-22 (우 135-913)
전화 ‖ (02) 555-9512
팩스 ‖ (02) 553-9512
전자우편 ‖ hannae21@korea.com

값 7,000원

여행 일본어

한 권으로 끝내자

날로 늘어나는 해외 여행객과 한·일간 문화 개방 등으로 '가깝고도 먼 나라'라는 일본에 대한 인식은 이제 구태의연하게조차 들립니다. 우리의 안방에서 일본 드라마가 거의 매일 방영되고 있고, 일본에서는 한국 배우들의 인기가 하늘을 찌르며 한국과 한국어에 대한 열기 또한 뜨겁습니다. 심지어 일본 총리의 선거 유세에서조차 한국 배우의 이름이 거론되는 시대를 살아가고 있습니다. 김포-하네다 간 노선으로 일일 생활권에 접어든 두 나라는 그야말로 '가까운 나라'가 되어가고 있습니다.

이에 가벼운 마음으로 훌쩍 떠날 수 있는 일본 여행을 위해, 색다른 일본에 대한 경험을 위해, 현장에서의 생생함을 위해 이 책을 만들었습니다.

일본 여행 중에 겪을 만한 여러 가지 장면과 상황에 따른 문장을 즉석에서 찾아볼 수 있도록 구성했습니다. 원래 발음과 가장 가까운 한글 발음을 표기하여 일본어를 모르거나 서툰 사람도 쉽게 따라할 수 있도록 배려하였습니다. 또한 각각의 상황 회화와 부록을 통해 일본 여행에 꼭 필요한 최근 정보를 수록하여 기존의 수많은 여행 회화나 가이드북에서 만나지 못했던 신선함을 접할 수 있을 것입니다.

　일본 여행을 하기 위해 몇 년이고 몇 달이고 회화를 배운다는 것은 쉽지 않은 일입니다. 우선은 떠나고 볼 일입니다. 회화란 사람과 사람 사이의 의사 소통 수단인 것입니다. 이 한 권의 책으로 적재 적소에서 필요한 문장을 사용하여 간단하게나마 의사 소통이 이루어진다면 저 자로서는 더 이상의 기쁨이 없을 것입니다.

　두려움을 버리면 여러분도 이 한 권의 여행 회화로 일본어의 달인이 되어 즐거운 일본 여행을 경험하시게 될 것입니다. 여러분의 일본 여행에 도움이 되길 바랍니다.

　아울러 이 책이 나오기까지 도움을 주신 이영희 선생님, 하시다 선생님, 미야오카님과 김영혁 군에게 깊은 감사를 드립니다.

2004년 8월 소현점 · 김미라

여행 일본어
한 권으로
끝내자

여행 일본어
한 권으로 끝내자

目 次
C·O·N·T·E·N·T·S

여행 일본어
한 권 으로 끝내자
日本

目 次
C·O·N·T·E·N·T·S

여행 일본어
한 권으로
끝내자

o 일본의 개요

o 일본 여행 전에 알아두면

　유익한 상식

o 여행 준비

o 출국 수속

일본을 알고 떠나자

일본의 개요

일본은 남북으로 약 3000km에 걸쳐 길게 뻗어 있는 약 7000여 개의 크고 작은 섬으로 이뤄진 섬나라입니다. 주요 섬으로 홋카이도(北海道), 혼슈(本州), 시코쿠(四国), 큐슈(九州)가 있습니다. 총면적은 약 377,818㎢로, 혼슈가 가장 크고 전체 면적의 약 67.3%를 차지합니다. 행정구역상으로 47개의 都道府県으로 1都(東京都), 1道(北海道), 2府(大阪府, 京都府), 43県이며, 수도는 東京이고, 인구는 약 1억 2500만 정도이며, 언어는 日本語를 쓰고 있습니다.

종교는 토착 신앙인 신도(神道)와 불교이며, 정치적으로는 수상을 중심으로 하는 의원내각제를 채택하고 있습니다. 현 총리는 코이즈미 준이치로(小泉純一郎)입니다. 천황은 상징적 원수로 아키히토 천황(明仁天皇)입니다. 연호를 쓰고 있으며, 2005년 현재 헤이세-17년(平成17年)입니다.

일본은 남북으로 약 3,000 km에 걸쳐 길게 뻗어 있는
약 7,000여 개의 크고 작은 섬으로 이루어진 섬나라입니다.

HOKKAIDO

•Sapporo

Aomori•

Akita• •Morioka

Yamagata
Sado •Sendai
HONSHU Niigata Fukushima

Toyama Nagano
Oki Gunto Kanazawa• Maebashi Utsunomiya
•Mito
•Fukui Kofu•Tokyo Chiba
Tottori Gifu Urawa
Tsu Shima Matsue Kyoto Otsu Nagoya Yokohama
Okayama Kobe Tsu Shizuoka
Hiroshima Osaka Nara
Yamaguchi Takamatsu •Wakayama
Fukuoka• Matsuyama Tokushima
Saga• Kochi
Oita• SHIKOKU
Nagasaki •Kumamoto
Miyazaki
Kagoshima• KYUSHU

Osumi Shoto

Amami O Shima

Okinawa Gunto
Naha

일본 여행 전에 알아두면 유익한 상식

1. 시 기

일본을 여행할 때에는 성수기인 연말연시(12월 27일~1월 4일)나 골든 위크(4월 29일~5월 5일), 오봉(8월 15일을 중심으로 약 일주일)기간은 피하는 것이 좋습니다. 이 기간 동안에는 일본 내의 많은 귀성객들과 여행객들의 대이동으로 교통편 및 숙박 예약에 어려움이 많습니다.

2. 옷차림

일본은 한국과 기후나 계절이 거의 비슷하기 때문에 여행시점과 일정에 맞게 준비하는 것이 좋습니다. 봄가을에는 자켓, 스웨터, 여름에는 가벼운 옷과 반소매 등을 준비하면 됩니다. 겨울에는 오버코트, 따뜻한 방한잠바와 스웨터 정도를 준비하면 되고, 여름이더라도 아침과 저녁의 일교차를 대비하여 긴 팔 남방이나 셔츠를 하나 정도 준비하면 좋습니다.

3. 치안

일본은 비교적 안전하게 여행할 수 있는 나라
입니다. 그러나 귀중품이나 소지품 등은 분실하
지 않도록 조심하고, 어두워지면 인적이 드문 곳
은 피하는 등의 기본적인 주의는 해야 합니다.

4. 화폐

일본의 통화 단위는 엔(¥)입니다. 주화는 1, 5, 10, 50,
100, 500엔의 6종류와 지폐는 1천, 2천, 5천, 1만엔 권이 있습
니다. 2004년 11월부터 위조 방지를 위해 새 지폐가 등장, 구
지폐와 함께 사용되고 있습니다.

千円　　　　　五千円　　　　　一万円

여행 준비

16

1. 사전 여행 계획

우선 여행 지역과 날짜, 기간을 생각하고, 항공편이나 배편 또는 여행상품 등을 고려하여 1~2개월 전에 예약을 하고, 패키지 여행, 자유 여행 등 여행 스타일을 정하고 그에 맞춰 준비합니다. 최근에는 자유 여행과 패키지 여행의 장·단점을 보완한 절충형 자유 여행을 하기도 합니다.

2. 정보 수집

일정이 잡히고, 예약이 완료되었다면 여행 목적지에 대한 여행 정보를 찾아보고, 볼거리, 탈거리, 먹거리 등을 체크해 두면 더욱 편리하고 알찬 여행을 할 수 있을 것입니다.

분실을 대비한 여권(사진면과 일본비자면)과
항공권의 복사본 및 여행자 수표의 일련 번호 메모 등은
별도 보관하여 만일의 경우 대비합니다.

3. 여권 만들기

여권(PASSPORT)은 대한민국 정부가 외국으로 출국하는 사람에 대한 국적 및 신분을 증명하는 해외 여행 허가서입니다. 환전, 비자 신청 및 발급, 출입국 수속, 면세점 이용 등에 필요하며 신분증 역할을 하므로 항상 소지해야 하고, 분실하지 않도록 해야 합니다.

외무부는 2006년 5월부터 유효기간 최장 10년의 신형여권이 발급되며, 10년, 5년, 5년 미만의 3종류로 복제나 위조가 불가능한 전사방식으로 개선된다고 밝혔습니다.

① **일반 여권 발급 신청 구비 서류**

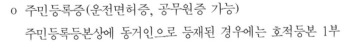

   o 여권 발급 신청서 1통
   o 여권용 사진(3.5×4.5cm) 2매
   o 주민등록등본 1부
   o 주민등록증(운전면허증, 공무원증 가능)
     주민등록등본상에 동거인으로 등재된 경우에는 호적등본 1부
   o 발급 비용 : 45,000원(복수 여권)
   o 병역 미필자 : 국외 여행 허가서 1부(여권 신청 전에 반드시 관할 병무청에 문의 요함)

18

② 일반 여권 발급처

서울의 10개 구청(종로, 노원, 서초, 영등포, 동대문, 강남, 구로, 마포, 송파, 성동구청) 여권계와 전국 6개 광역시 여권계 및 각 도청 여권계에서 신청 가능합니다.

4. 비자 만들기

주한일본대사관에서는 체재기간 90일, 유효기간 5년의 복수사증(단기체재비자)을 발급하고 있으며, 경우에 따라서는 1년 유효의 복수사증 또는 1회 유효한 사증을 발급하는 경우도 있으므로 상세한 사항은 주한일본대사관 영사부로 확인하시기 바랍니다.

  o 개인 신청시간 : 오전 09 : 30~11 : 30
  o 주한일본대사관 영사부 : Tel. 02)739-7400
                          자동 응답 02)736-6581
  o 구비서류 : 여권, 여권용 사진 1매,
    재직증명서 혹은 사업자등록증(학생은 재학증명서),
    주민등록증 양면 복사본 1부,
    대사관 소정양식의 비자 신청서

※ 수학여행 학생에 대한 비자 면제

2004년 3월 1일부터 일본 입국을 희망하는 한국의 수학여행 학생에 대해 비자를 면제하고 있습니다.

  o 문의처 : 주한일본대사관 http://www.kr.emb-japan.go.jp

5. 각종 증명서 발급 받기

① 국제 학생증

국제 학생증은 국제학생연맹, 전국 대학교 학생 서비스센터 및 전국 지역 발급처에서 발행하고 있으며, 세계 70개국에서 활용되는 학생증입니다. 일본의 경우는 교통편에서 많은 할인을 받을 수 있는데, 국내 학생증으로도 학생 할인이 가능하므로 꼭 필요하지는 않습니다.

    o 구비서류 : 학생증 사본 또는 재학 증명서,

       반명함판 사진 2매, 수수료(15,000원), 신청서

    o 발급기관 : 배낭 여행을 취급하는 여행사 및 여행 정보 센터

② 유스호스텔 회원증

유스호스텔을 이용할 수 있는 회원증으로 발급 비용은 18,000~20,000원 정도입니다.

    o 구비서류 : 회원 신청서, 여권용 사진 2매,

       신분증(주민등록증이나 학생증)

    o 발급기관 : 여행 정보 센터(송파구 올림픽 파크텔 2층)

       http://cafe.daum.net/tourbox

6. 환전

교통이나 숙박 등 예약이 마무리
되었다면, 여행 시점이 가까워짐에
따라 사전에 여행에 대한 준비를 합
니다. 우선 필요한 경비를 예산하여
필요한 만큼의 돈을 엔화로 환전하

는 것이 편리하며, 국제적으로 사용 가능한 신용카드(뒷면에
PLUS라고 쓰여진 카드만 ATM 이용 가능)를 소지하면 만일
의 경우 든든할 것입니다.

여행자 수표와 신용카드는 주요 도시의 큰 은행, 호텔, 여관,
백화점 등에서만 사용이 가능합니다. 일본에서는 비자, 마스터,
아메리칸 익스프레스, 다이너스 카드 등이 주로 이용되며, 이들
카드는 우체국 ATM에서 현금 서비스도 가능합니다. 그러므로
대도시 이외의 지역에서는 반드시 현금(엔화)이 필요합니다.

여행자 수표

짧은 일정의 여행자라면 여행자 수표보다는 현금이 편리합
니다. 여행자 수표는 은행에 가서 현금으로 바꿔야 하는 번
거로움이 있으므로, 바쁜 일정에 일일이 은행을 찾는 것은
매우 불편합니다. 그러나 장기 여행자라면, 안전성 면에서 현
금보다 유리하기도 합니다.

7. 여행 짐 꾸리기

최대한 간편하게 싸는 것이 포인트.

여행 준비물은 필수품과 준비해야 할 최소한의 필요한 물건들을 리스트를 작성하여 꼼꼼하게 챙긴다면 여행 때 많은 도움이 됩니다. 항공기의 경우 개인 무료 수화물은 20 kg 이하로 제한하고 있습니다.

① 필수품

여권(비자), 왕복항공권(또는 선박권), 엔화(또는 여행자수표), 신용카드, (국제)학생증(학생의 경우), 예비용 사진 3매 정도(여권용), 유스호스텔 회원증, 소형 계산기, 카메라, 필름, 지도, 회화집, 필기구 및 수첩

② 그 밖의 준비물

세면도구, 화장품, 면도기, 드라이어(전기제품의 경우 전압이 110 V임), 빗, 티슈, 손수건, 썬크림, 생리용품, 비상약, 알람시계, 국제전화카드, 선물, 명함, 포크 겸용 수저, 비닐봉지, 작은 가방(여행자료, 시내여행 때 간편하게 이용 가능), 운동화, 약간의 한국 돈(공항세와 귀국 때 교통비 정도) 등.

③ 의 류

　속옷, 양말(스타킹), 셔츠, 바지, 모자, 선글라스, 수영복(온천 이용 때), 비옷이나 우산, 스웨터나 재킷 등

④ 출발 전 알아두어야 할 사항

　o 여행 목적지, 경유지 등에서 가장 가까운 곳에 위치한 우리 나라 공관의 연락처, 주소를 반드시 기록하여 본인이나 동행자에게 사고가 발생할 경우에 대비합니다.

　o 기내 반입 수하물 허용량은 무게 10 kg 이내이며, 1인당 무료 수하물 허용량은 항공사마다 다소 차이가 있으나 약 20 kg 정도입니다.

⑤ 기내 반입 금지 물품

　폭발성, 연소성이 높은 물품, 도검류, 독극물 등과 같은 위해 물품과 송곳, 가위 등과 같이 무기로 사용 가능한 위해 물품 등입니다.

8. 이것만은 꼭 체크하자

① 투숙 호텔 주소는?

② 위급할 경우 연락처는?

긴급 상황 발생 때는 공중전화의 빨간 버튼을 누르면 무료 통화로 연결됩니다.

o 119 : 화재, 부상, 아파서 응급 상황

o 110 : 도둑, 강도 등 사고 발생 때

o 외국인 의료 상담(한국어 상담) : 03-5285-8088

영어 · 중국어 · 한국어 등의 상담 가능(09 : 00~17 : 00, 월~금)

③ 주요 기관 연락처는?

o 주일대사관 주소 : 2-5, Minami-Azabu, 1-Chome, Minato-Ku, Tokyo, Japan 전화 : 03) 3452-7611~9

o 항공사(예약)

대한항공 : 03-5443-3351, 아시아나 : 03-3582-6600

④ 여분의 여권 사진 (약 3장 정도)

⑤ 분실을 대비하자!

여권(사진면과 일본 비자면)과 항공권의 복사본 및 여행자 수표의 일련 번호 메모 등(별도 보관하여 만일의 경우 대비)

출국 수속

1. 인천국제공항에서 출국 수속 및 도심공항터미널 이용하기

① 출발 전 준비 사항

- o 출발하기 전날에는 개인 휴대물품, 구비서류(여권, 비자) 지참 여부 및 항공권(선박권) 예약 내용을 확인합니다.
- o 집에서 공항이나 항구까지의 교통편 및 소요시간을 사전에 파악하여 여행 당일 시간적 여유를 갖고 출발합니다.
- o 자신이 이용할 항공편 명, 출발 시각, 게이트, 운항 현황 등 정보를 미리 확인합니다.

한 · 일간 취항 항공사 카운터(인천국제 공항 기준)

항 공 사	체크인 카운터	항 공 사	체크인 카운터
대한항공(KE)	D, E, F	에어재팬(NQ)	K
아시아나항공(KE)	C, D	유나이티드(UA)	K
JAL(일본항공, JL)	J	노스웨스트(NW)	H
ANA(전일본항공, NH)	K		

출발하기 전날에는 개인 휴대물품, 구비서류(여권, 비자) 지참 여부
및 항공권(선박권) 예약 내용을 확인한다.

② 인천 국제공항에서의 탑승 수속

공항에 탑승 2시간 전에 도착해서 해당 항공사 카운터에서
탑승 수속을 해야 합니다.

단, 도심공항터미널에서 탑승 수속을 마친 경우는 바로 출
국장으로 가도 됩니다.

ⓐ 탑승 수속

해당 항공사 체크인 카운터로 가서 여권, 항공권, 짐을 화
물로 보내는 수속을 합니다.

여권, 돌아올 항공권, 탑승권(Boarding Pass)과 맡긴 짐에
대한 짐표(Baggage Tag)를 받습니다.

ⓑ 출입국 신고서 작성

탑승 수속을 마친 후 체크인 카운터에 비치된 출(입)국신
고서를 작성하여 출국 수속 때 제출합니다.

수하물 탁송시 대형 수하물이나 세관에 반출할 물품이 있을
때는 대형 수하물 투입 장소에서 세관에 신고한 후 탁송해야 합
니다.

ⓒ 납입 안내

인천공항을 이용, 출국하는 내국인에게 별도 납부토록 하던 출국납부금은 2004년 7월 1일부터 전 출국자에게 항공권에 포함하여 납부하도록 변경되었습니다.

ⓓ 병무 신고

병역 미필자가 국외 출국 때는 병무신고소(출국장 3층 동쪽 A, B아일랜드 뒤쪽)에 출국 신고를 해야 하고, 귀국 때에도 귀국 신고를 해야 합니다.(병역을 마친 사람, 제2국민역은 제외)

ⓔ 검역

애완동물과 동행할 경우 검역소에서 외국 여행자, 동물에 대한 검역 및 증명서를 발급 받아 일본의 검역소에 제출해야 합니다.

ⓕ 세관 신고 / 보안 검색 / 출국 심사

출국 준비가 모두 끝났다면 출국 심사를 거쳐야만 합니다.

o 세관 신고 : 보석류, 카메라, 시계 등 고가의 물품이나 미화 상당 1만불 초과 휴대의 경우 여행자 휴대품 신고서를 작성해서 실제의 물품과 같이 제시해 반출 신고를 해야 합니다.(물품을 신고하지 않을 경우, 귀국할 때 외국에서 구입한 것으로 간주하여 과세 등의 불이익을 당할 수 있습니다) 신고할 것이 없는 여행객은 바로 통과.

o **보안 검색** : 납치 및 테러를 방지하기 위한 안전 조치로써 휴대수하물은 검색대에 올려 놓고, 몸에 지니고 있는 금속성 물질은 직원에게 건네주고 문형탐지기를 통과합니다.

o **출국 심사** : 법무부 출국 심사대에서 여권, 탑승권, 출국 신고서를 제시하면 출국 심사가 끝납니다.

⑨ 면세점

출국 수속이 끝났다면, 탑승 전 각종 면세점을 이용할 수 있습니다.

인천 공항 **롯데면세점**

ⓗ 탑승대기 및 탑승

항공기 출발 40분 전에 탑승구 근처의 라운지에서 대기 후 탑승할 항공사의 안내 방송에 따라 비행기에 탑승합니다.

3. 도심공항터미널에서의 탑승 수속

인천 공항 국제선을 이용하는 여행객은 서울 시내의 도심공항터미널에서 편리하게 사전 탑승 수속을 밟을 수 있으며, 공항 이용료를 30 % 할인받을 수 있습니다.

도심공항터미널에서 수속을 마친 여행객을 위한 전용 출국장을 이용(3층)하여 출국하면 됩니다. 전용 출국장을 통과하면 세관 신고→보안 검사→출국 신고서 회수→탑승 순이 됩니다.

① 삼성동 도심공항터미널(02 - 551 - 3321)
   반포 센트럴시티 도심공항터미널(02 - 535 - 7235)

삼성동 도심공항터미널에서 국내선은 해당 항공기 출발 2시간 전까지, 국제선은 3시간 전까지 수속을 마쳐야하며, 반포 센트럴시티터미널에서는 국제선 해당 항공기 출발 3시간 전까지 탑승수속을 마쳐야 합니다.

② 김포 도심공항터미널(02 - 656 - 5140 ~ 2)

국제선 해당 항공기 출발 2시간 전까지 탑승 수속을 완료해야 합니다.

o 김포~하네다 구간 항공편 수속은 김포 도심공항터미널에서만 가능.

2. 선편 이용하기

① 부산국제터미널 출국 수속

출발 시간 2시간 전까지 국제 여객터미널에 도착하여 승선 수속을 하면 됩니다. 항구 도착→여객 창구에서 승선 수속 →출입국 신고서 작성→병무 신고 및 검역→세관 신고→ 출국 심사→승선 순으로 수속을 하면 됩니다. 부두 이용료 1,100원과 출국세 1,000원이 필요하며, 면세점은 승선장으로 가는 길목에 있습니다. 비행기와 달리 수하물은 본인이 직접 운반, 보관하여야 합니다. 병역 미필자는 관련 서류를 갖추어 출국 신고를 해야 합니다.

② 배타고 일본 가는 방법

o 부산-후쿠오카(비틀&제비호) 소요시간 2시간 55분,
  정원 215명
o 부산-후쿠오카(카멜리아호) 소요시간 12시간, 정원 563명
o 부산-시모노세키(부관페리호) 소요시간 12시간
o 부산-오사카(팬스타) 소요시간 18시간

여행 일본어
한 권으로
끝내자

여 행 일 본 어 한 권 으 로 끝 내 자

기본 일본어

기본 일본어

1. 기본 인사

①안녕(하세요). (아침 인사)

おはよう(ございます)。
오하요-(고자이마스).

②안녕하세요. (낮 인사)

こんにちは。
콘니찌와.

③안녕하세요. (저녁 인사)

こんばんは。
콤방와.

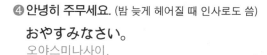

④안녕히 주무세요. (밤 늦게 헤어질 때 인사로도 씀)

おやすみなさい。
오야스미나사이.

⑤잘 자. / 잘 자거라.

おやすみ。
오야스미.

⑥안녕히 가세요(계세요). (서로 헤어질 때 인사)

さようなら。
사요-나라.

❼ 또 뵙겠습니다.

また、お会いしましょう。
마따, 오아이시마쇼-.

❽ 몸조심하세요. / 살펴가세요.

お気をつけて。
오키오 쯔께떼.

2. 안부 인사

❶ 잘 지내십니까?

お元気ですか。
오겡끼데스까.

❷ 네, 덕택에요.

はい、おかげさまで。
하이, 오까게사마데.

❸ 네, 잘 지냅니다.

はい、げんきです。
하이, 겡끼데스.

❹ ○○○ 씨는요?

○○○ さんは。
○○○상와.

❺ 그럭저럭이요.

まあまあです。
마-마-데스.

3. 헤어질 때 인사

❶ 안녕히 가세요(안녕히 계세요). / 조심해서 가세요.

さようなら。/ お気を つけて。

사요-나라. / 오키오 쯔께떼.

❷ 또 만납시다.

また、会いましょう。

마따, 아이마쇼-.

❸ 신세 많이 졌습니다.

お世話に なりました。

오세와니 나리마시따.

❹ 덕분에 즐거웠습니다.

おかげさまで、楽しかったです。

오카게사마데, 타노시깟따데스.

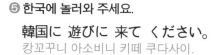

❺ 한국에 놀러와 주세요.

韓国に 遊びに 来て ください。

캉꼬꾸니 아소비니 키떼 쿠다사이.

❻ 기다리겠습니다.

お待ちします。

오마찌시마스.

❼ 메일 보내겠습니다.

メ-ルします。

메-루시마스.

4. 외출 · 귀가 / 축하 인사

① 다녀오겠습니다.

いって きます。
잇떼 키마스.

② 다녀오세요.

いってらっしゃい。
잇떼랏샤이.

③ 다녀왔습니다.

ただいま。
타다이마.

④ 잘 다녀오셨어요? / 잘 갔다왔니?

おかえりなさい。/ おかえり。
오카에리나사이. / 오카에리.

⑤ 축하합니다.

おめでとうございます。
오메데또-고자이마스.

⑥ 축하한다. / 축하해.

おめでとう。
오메데또-.

⑦ 새해 복 많이 받으세요.

あけまして おめでとうございます。
아께마시떼 오메데또-고자이마스

5. 자기 소개

● 처음 뵙겠습니다.

はじめまして。
하지메마시떼.

● 저는 ○○○입니다.

私は ○○○です。
와따시와 ○○○데스.

● 저는 ○○○라고 합니다.

私は ○○○と申します。
와따시와 ○○○또 모-시마스.

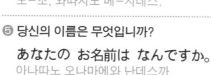

● 제 명함입니다.

どうぞ、私の 名刺です。
도-조, 와따시노 메-시데스.

● 당신의 이름은 무엇입니까?

あなたの お名前は なんですか。
아나따노 오나마에와 난데스까.

● 잘 부탁합니다.

どうぞ、よろしく (お願いします)。
도-조, 요로시꾸(오네가이시마스).

● 저야말로 잘 부탁합니다.

こちらこそ よろしく。
코찌라꼬소 요로시꾸.

❽ 뵙게 되어 반갑습니다.

お会いできて うれしいです。

오아이데끼떼 우레시-데스.

❾ 실례지만, 모국은 어디세요?

失礼ですが、お国は どちらですか。

시쯔레-데스가, 오쿠니와 도찌라데스까.

❿ 한국에서 왔습니다.

韓国から 来ました。

캉꼬꾸까라 키마시따.

⓫ 실례지만, 직업은 무엇입니까?

失礼ですが、お仕事は 何ですか。

시쯔레-데스가, 오시고또와 난데스까.

⓬ 학생(회사원 / 주부 / 공무원)입니다.

学生(かいしゃいん / しゅふ / 公務員)です。

각세이(카이샤인 / 슈후 / 코-무인)데스.

⓭ 혼자(친구와 / 투어로 / 여행 / 업무차) 왔습니다.

一人で(友だちと / ツア-で / 旅行に / 仕事で)来ました。

히또리데(토모다찌또 / 쯔아-데 / 료꼬-니 / 시고또데)키마시따.

6. 감사

① (대단히 / 여러 가지로 / 친절에) 감사합니다. / 고맙습니다.

(どうも / いろいろと / ご親切に)ありがとうございます。
(도－모/이로이로또/고신세쯔니) 아리가또－고자이마스.

② 감사합니다. / 고맙습니다.(ありがとうございます가 생략된 표현)

どうも。
도－모.

③ 고마워. (가볍게 고맙다고 인사할 때)

ありがとう。
아리가또－.

④ 여러 가지로 신세를 많이 졌습니다.

いろいろ お世話になりました。
이로이로 오세와니 나리마시따.

⑤ 정말로 도움이 되었습니다.

ほんとうに 助かりました。
혼또－니 타스까리마시따.

⑥ 지난번엔 정말 고마웠습니다.

先日は どうも (ありがとうございました)。
센지쯔와 도－모 (아리가또－고자이마시따).

⑦ 천만에요.

どういたしまして。
도－이따시마시떼.

7. 긍정 · 이해 / 부정 · 거부

① 예. / 예. 그렇습니다.

はい。/ はい、そうです。

하이. / 하이, 소-데스.

② 아니오. / 아니오, 그렇지 않습니다.

いいえ。/ いいえ、そうでは ありません。

이-에. / 이-에, 소-데와 아리마셍.

③ 알겠습니다.

分かりました。

와까리마시따.

④ 모르겠습니다.

分かりません。

와까리마셍.

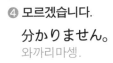

⑤ 일본어를 전혀 못합니다.

日本語が 全然 出来ません。

니홍고가 젠젠 데끼마셍.

⑥ 아니오, 됐습니다. (거절)

いいえ、結構です。

이-에, 켁꼬-데스.

8. 사과와 그에 대한 응답

① 죄송합니다. / 미안합니다. (실례합니다의 의미로도 쓰인다)

すみません。
스미마셍.

② 죄송했습니다.

すみませんでした。
스미마셍데시따.

③ 죄송해요. / 미안해요.

ごめんなさい。
고멘나사이.

④ 늦어서 미안합니다.

おそくなって すみません。
오소꾸낫떼 스미마셍.

⑤ 기다리게 해서 미안합니다.

お待たせしました。 / お待たせして すみません。
오마따세시마시따. / 오마따세시떼 스미마셍.

⑥ 괜찮아요.

大丈夫です。
다이죠-부데스.

⑦ 신경 쓰지 마세요. / 걱정마세요.

気にしないで ください。
키니시나이데 쿠다사이.

⑧ 걱정마세요.

ご心配なく。
고심빠이나꾸.

⑨ 상관없어요.

かまいません。
카마이마셍.

9. 의 뢰

① 실례합니다.

失礼します。
시쯔레-시마스.

② 부탁할 게 있는데요.

お願いが ありますが。
오네가이가 아리마스가.

③ 부탁합니다.

お願いします。
오네가이시마스.

④ 커피(계산 / 영수증) 부탁합니다.

コ-ヒ-(お勘定 / レシ-ト)を お願いします。
코-히-(오칸죠- / 레시-토)오 오네가이시마스.

⑤ 커피(영수증 / 표 한 장)를 주십시오.

コ-ヒ-(領収証 / 切符 一枚)を ください。
코-히-(료-슈-쇼- / 킵뿌 이찌마이)오 쿠다사이.

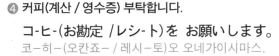

⓺ 살려 주세요. / 도와 주세요.

助けて ください。

타스께떼 쿠다사이.

⓻ 잠시 기다려 주세요.

ちょっと 待って ください。

쵿또 맛떼 쿠다사이.

⓼ 잠시 기다려 주십시오.

少々 お待ち ください。

쇼—쇼— 오마찌쿠다사이.

⓽ 서둘러 주세요.

急いで ください。

이소이데 쿠다사이.

10. 반 문

① 죄송합니다, 잘 알아듣지 못했습니다.

すみません、よく 聞取れませんでした。

스미마셍, 요꾸 키끼또레마센데시따.

② 정말이세요?

ほんとうですか。

혼또―데스까.

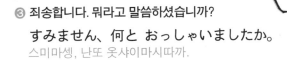

③ 죄송합니다. 뭐라고 말씀하셨습니까?

すみません、何と おっしゃいましたか。

스미마셍, 난또 옷샤이마시따까.

④ 다시 한 번 말씀해 주십시오.

もう 一度 おっしゃってください。

모― 이찌도 옷샷떼 쿠다사이.

⑤ 조금 천천히 말씀해 주십시오.

もう 少し ゆっくり 話して ください。

모― 스꼬시 육꾸리 하나시떼 쿠다사이.

11. 식사 전·후 인사

① 잘 먹겠습니다. (식사 전)

いただきます。
이따다끼마스.

② 잘 먹었습니다. (식사 후)

ごちそうさま(でした)。
고찌소-사마(데시따).

12. 질 문

① (이것은) 얼마입니까?

（これは）いくらですか。
(코레와) 이꾸라데스까.

② 이것은 무엇입니까?

これは 何ですか。
코레와 난데스까.

③ (프라자호텔)은 어디입니까?

（プラザホテル）は どこ（どちら）ですか。
(푸라자호테루)와 도꼬(도찌라)데스까.

(화장실 / ~백화점 / ~미술관 / 100엔숍 / 식당)

（トイレ / ～デパート / ～美術館 / 百円ショップ / 食堂）
(토이레 / ~데빠-또 / ~비쥬쯔깡 / 햐꾸엔숍뿌 / 쇼꾸도-)

❹ 얼마나 걸립니까?

どのくらい かかりますか。
도노쿠라이 카까리마스까.

❺ 어떻게 가면 됩니까?

どうやって 行けば いいですか。
도-얏떼 이께바 이-데스까.

❻ 무엇을 타면 갈 수 있습니까?

何に 乗って いきますか。
나니니 놋떼 이끼마스까.

❼ 몇 시에(어디에서) 만날까요?

何時に(どこで) あいましょうか。
난지니(도꼬데) 아이마쇼-까.

❽ 전화 번호는 몇 번입니까?

電話番号は 何番ですか。
뎅와방고-와 남반데스까.

❾ 이것은 무슨 의미입니까?

これは 何の意味ですか。
코레와 난노 이미데스까.

 알아두세요

どうぞ(도-조)와 どうも(도-모)의 표현

● どうぞ는 뒷말을 생략한 채로 뭔가 권유하고 요구할 때 영어의 please와 같은 상황에 쓰입니다.

● どうぞ의 응답으로 どうも(감사합니다 ありがとうございます가 생략된 표현), 즉, どうぞ(도-조)라고 권할 때 どうも(도-모)로 응답하면 됩니다.

여행 일본어
한 권으로
끝내자

여 행 일 본 어 한 권 으 로 끝 내 자

1. 기내에서

1. 기내에서

1. 기내에서

---

❶ 실례합니다, 제 자리는 어디입니까?

すみません、私の席は どこですか。
스미마셍, 와따시노세끼와 도꼬데스까.

---

❷ 좌석 번호는 몇 번입니까?

座席番号は 何番ですか。
자세끼방고－와 남반데스까.

---

❸ 탑승권을 보여 주시겠어요?

搭乗券を お見せください。/ 拝見させて いただきます。
토－죠－껭오 오미세쿠다사이. / 하이껭사세떼 이따다끼마스.

---

❹ 저기 창가 쪽 자리(통로 쪽 자리 / 중앙석)입니다.

あそこの窓側の席(通路側の席 / 中央席)です。
아소꼬노 마도가와노 세끼(쯔－로가와노 세끼 / 쮸－오－세끼)데스.

---

❺ 실례합니다만, 여기는 제 자리인데요.

失礼ですが、ここは 私の 席ですが。
시쯔레－데스가, 코꼬와 와따시노 세끼데스가.

---

❻ 잠깐 실례하겠습니다.

ちょっと 失礼します。
춋또 시쯔레－시마스.

❼ 죄송한데요, 좀 지나가겠습니다.

すみませんが ちょっと 通してください。

스미마셍가 춋또-시떼 쿠다사이.

❽ 이것을 어디에 두면 좋겠습니까?

これを どこに 置いたら いいですか。

코레오 도꼬니 오이따라 이-데스까.

❾ 짐을 여기에 두어도 됩니까?

荷物を ここに 置いても いいですか。

니모쯔오 코꼬니 오이떼모 이-데스까.

❿ 사용법을 가르쳐 주세요.

使い方を 教えて ください。

쯔까이까따오 오시에떼 쿠다사이.

⓫ 의자를 뒤로 젖혀도 되겠습니까?

シ-トを 倒しても いいですか。

시-또오 타오시떼모 이-데스까.

● 항공권	航空券	코-꾸-껭
● 비상구	非常口	히죠-구찌
● 스튜어디스	スチュワ-デス	스츄와-데스
● 남성 승무원	スチュワ-ド	스츄와-도
● 안전 벨트	シ-トベルト	시-또베루또
● 이륙	離陸	리리꾸
● 착륙	着陸	챠꾸리꾸
● 승객	乗客	죠-카꾸
● 면세품	免税品	멘제-힝

2. 기내식

① 음료수 드릴까요?

お飲み物は いかがですか。
오노미모노와 이까가데스까.

② 커피(홍차) 주세요.

コ-ヒ-(紅茶) ください。
코-히-(코-쨔) 쿠다사이.

③ 아니오(됐습니다).

いいえ(けっこうです)。
이-에(켁꼬-데스).

④ 음료수는 뭘로 하시겠습니까?

お飲み物は 何に なさいますか。
오노미모노와 나니니 나사이마스까.

⑤ 주스(커피 / 와인 / 콜라)로 하겠습니다.

ジュ-ス(コ-ヒ- / ワイン/ コ-ラ)にします。
쥬-스(코-히- / 와인 / 코-라)니 시마스.

3. 기내 서비스 이용

① 한국 신문(잡지) 있습니까?

韓国の新聞(雑誌)は ありますか。
캉꼬꾸노 심붕(잣시)와 아리마스까.

② 물(모포 / 입국 카드)을 좀 주시겠습니까?

お水(毛布 / 入国カ-ド)を いただけますか。
오미즈(모-후 / 뉴-꼬꾸카-도)오 이따다께마스까.

③ 잠시 기다려 주십시오.

少々 お待ちください。
쇼-쇼- 오마찌쿠다사이.

④ 입국 카드를 한 장 더 주세요.

入国カ-ドを もう 一枚 ください。
뉴-꼬꾸카-도오 모- 이찌마이 쿠다사이.

⑤ 입국 카드 쓰는 법을 알려주십시오.

入国カ-ドの 書き方を おしえてください。
뉴-꼬꾸카-도노 카끼까따오 오시에떼 쿠다사이.

알아두세요

일본 출입국 카드 작성

  기내에서 나눠주는 일본 출입국 카드를 작성해서 입국 심사 때 제시해야 합니다. 기재 내용은 여권과 동일해야 하며, 입국 목적, 체류 기간, 일본 내 숙소와 숙소의 전화 번호 등입니다.

  주의할 점은 한자나 영문으로 표기해야 하는데, 주소의 한자나 영문 표기를 몰라 당황할 수 있으므로 출국 전에 메모를 해두면 도움이 될 것입니다.

4. 기내 면세품 쇼핑

❶ 기내에서 면세품을 팝니까?

  機内で 免税品を 売って いますか。
  키나이데 멘제-힝오 웃떼 이마스까.

❷ 면세품은 살 수 있습니까?

  免税品は 買えますか。
  멘제-힝와 카에마스까.

❸ 카탈로그를 보여주세요.

  カタログを 見せてください。
  카타로구오 미세떼 쿠다사이.

❹ 술은 몇 병까지 살 수 있습니까?

  お酒は 何本まで 買えますか。
  오사께와 남봄마데 카에마스까.

❺ (이것은 / 모두) 얼마입니까?

  (これは / 全部で) いくらですか。
  (코레와 / 젬부데) 이꾸라데스까.

❻ 이것을 주세요.

  これを ください。
  코레오 쿠다사이.

❼ 죄송합니다만, 이것은 품절입니다.

  申し訳ございませんが、 これは 品切です。
  모-시와께고자이마셍가, 코레와 시나기레데스.

⑧ 신용카드(원)로 지불해도 됩니까?

クレジットカ-ド(ウォン)で 払っても いいですか。

쿠레짓또카-도(원)데 하랏떼모 이-데스까.

---

⑨ 원(한국돈)도 받습니까?

ウォンで いいですか。

원데 이-데스까.

---

⑩ 원(달러)으로 얼마입니까?

ウォン(ドル)で いくらですか。

원(도루)데 이쿠라데스까.

---

⑪ (담배)는 있습니까?

(たばこ)は ありますか。

(타바꼬)와 아리마스까.

(위스키 / 초콜릿 / 향수 / 화장품 / 만년필)

(ウイスキ- / チョコレ-ト / 香水 / 化粧品 / 万年筆)

(우이스끼- / 쵸꼬레-또 / 코-스이 / 케쇼-힝 / 만넹히쯔)

---

⑫ 세관 신고서를 주세요.

税関申告書を ください。

제-깡싱꼬꾸쇼오 쿠다사이.

알아두세요

일본 입국 때 면세 반입 허용 기준
주류 3병, 담배 200개비, 향수 2온스, 물품 가격 합계 20만 엔 이하

여행 일본어
한 권으로
끝내자

여 행 일 본 어 한 권 으 로 끝 내 자

2. 일본에 입국하기

일본에 입국하기

56

1. 입국 심사

공항에서의 입국 수속은 검역 → 입국 심사 → 짐 찾기 → 동·식물 검역(대상이 있을 경우) → 세관 검사 순으로 하며, 입국 심사는 외국인 전용 라인(녹색 라인)에서 기내에서 써 둔 입국 카드와 여권을 제시하면 됩니다. 입국 심사할 때 방문 목적, 체류 기간, 숙소, 돌아갈 비행기편 등을 간단히 묻기도 하는데, 당황하지 말고 침착하게 답변하면 됩니다.

나리타 공항 입국 심사장

짐을 찾지 못했을 때를 대비해서
반드시 분실 신고 증명서를 받아 둡니다.

2. 짐 찾기

짐을 찾을 때는 각 컨베이어의 전광판에서 편명을 확인한 후 반드시 짐에 붙어 있는 표찰의 번호와 수하물 인환증(claim tag)의 번호가 같은지 확인한 후 짐을 내립니다. 짐이 나오지 않을 경우는 항공사 직원에게 탑승시 받은 수하물 인환증과 여권, 항공권을 보여주고, 분실 신고를 하며, 짐을 찾지 못했을 때를 대비하여 반드시 분실 신고 증명서를 받아 둡니다. 짐을 찾지 못했을 경우, 분실 신고 증명서와 함께 보험을 청구할 수 있습니다.

나리타 공항 분실물에 대해서

내 용	창 구
출국 수속 전 및 입국 수속 후	NAA 서비스 센터 터미널1 : (0)476-32-2105 터미널2 : (0)476-34-5220
출국 수속 후 및 입국 수속 전	나리타 세관 유실물 창구 터미널1 : (0)476-32-6049 터미널2 : (0)476-34-2157
항공기 내	이용 항공사에 문의 요함

※ 분실한 장소에 따라서 창구가 다르니 확인 후 문의 요함

3. 세관 검사

　짐을 찾은 다음 세관 신고 물품이 없을 경우에는 비과세 대상 검사대(녹색 검사대)로 가서 검사를 받으면 되며, 세관 신고를 해야 할 경우나 분명하지 않을 경우에는 과세 대상 검사대(적색 검사대)로 가서 여권, 항공권, 그리고 기내에서 작성한 세관 신고서를 보여주고, 세금은 세관 검사장 내의 은행에 납부하면 됩니다.

4. 공항 안내소

입국 수속이 끝나면 특히 배낭 여행이나 자유 여행의 경우 안내소를 이용 교통편, 시내 지도, 관광 명소 팜플릿, 교통 노선도, 숙박 문의 등 여행에 필요한 정보나 자료를 구할 수 있어 많은 도움이 됩니다. 전철 안내를 받을 경우는 공항 내 JR(뷰프라자)이나 게이세이(京成) 전철을 이용하면 됩니다.

JR東日本(JR히가시니혼)은 외국인 여행객 확대를 위해 '비지트 재팬 캠페인'의 취지에 따라 2004년 11월부터 나리타공항에 외국인 여행센터를 개설, 외국인 여행객에게 특화된 서비스를 제공합니다. 정식 명칭은 'JR EAST Service Center'로 면중무휴 11:30~19:00까지.

 알아두세요

일본 국제 관광 진흥회(JNTO)
국제 관광 진흥회에서는 관광에 관한 안내를 합니다.
Tel. 03)3201-3331(한국어)
월~금 09:00~17:00 / 토 09:00~12:00

1. 입국 심사

❶ 여권과 입국 카드를 보여주세요.

パスポートと 入国カードを 見せて ください。
파스뽀-또또 뉴-꼬꾸카-도오 미세떼 쿠다사이.

❷ 입국(입항) 목적은 무엇입니까?

入国(入港)の 目的は 何ですか。
뉴-꼬꾸(뉴-꼬-)노 모꾸떼끼와 난데스까.

❸ 여행(관광 / 비즈니스 / 방문)입니다.

旅行(観光 / ビジネス/訪問)です。
료꼬-(캉꼬- / 비지네스 / 호-몬)데스.

❹ 일본에는 몇 일 정도 있을 예정입니까?

日本には 何日ぐらい 滞在する 予定ですか。
니혼니와 난니찌구라이 타이자이스루 요떼-데스까.

❺ 4일간(일주일 / 5일간)입니다.

四日間(一週間 / 五日間)です。
욕까깐(잇슈-깐 / 이쯔까깐)데스.

❻ 여기에 한국어 할 수 있는 사람 없습니까?

ここに 韓国語のできる ひとは いませんか。
코꼬니 캉꼬꾸고노데끼루 히또와 이마셍까.

❼ 어디에 머물 예정입니까?

どこに とまる 予定ですか。
도꼬니 토마루 요떼−데스까.

❽ ~호텔(친구 집)입니다.

~ホテル(友だちのところ)です。
~호테루(토모다찌노 토꼬로)데스.

❾ 돌아갈 항공권은 가지고 있습니까?

帰りの航空券は 持って いますか。
카에리노 코−꾸−껭와 못떼 이마스까.

❿ 네, 가지고 있습니다. 이것입니다.

はい、持っています。これです。
하이, 못떼 이마스. 코레데스.

⓫ 일본은 처음입니까?

日本は はじめてですか。
니홍와 하지메떼데스까.

⓬ 네, 처음입니다.

はい、はじめてです。
하이, 하지메떼데스.

네, 2번째입니다. / 네, 3번째입니다.

はい、二度(二回)目です。/ はい、三度(三回)目です。
하이, 니도(니까이)메데스 / 하이, 산도(상까이)메데스.

2. 짐 찾기

❶ 짐(수하물)은 어디서 찾습니까?

荷物(手荷物)は どこで 受け取りますか。
니모쯔(테니모쯔)와 도꼬데 우께또리마스까.

❷ 타고 오신 항공편은 무엇입니까?

乗って きた 航空便は 何ですか。
놋떼 키따 코-꾸-빙와 난데스까.

❸ 항공 카운터는 어디입니까?

航空カウンタ-は どこですか。
코-꾸-카운타-와 도꼬데스까.

❹ 제 짐(여행용 가방)이 아직 나오지 않았습니다.

私の荷物(ス-ツケ-ス)が まだ 出て 来ません。
와따시노 니모쯔(스-쯔케-스)가 마다 데떼 기마셍.

❺ 제 짐이 보이지 않습니다.

私の荷物が 見つかりません。
와따시노 니모쯔가 미쯔까리마셍.

❻ 어떤 가방입니까?

どんな ス-ツケ-スですか。
돈나 스-쯔케-스데스까.

❼ 검은 여행용 가방이고, 표찰이 붙어 있습니다.

黒のス-ツケ-スで、名札が ついて います。
쿠로노 스-쯔케-스데, 나후다가 쯔이떼 이마스.

❽ 수하물 인환증은 갖고 있습니까?

手荷物受取証は 持って いますか。
테니모쯔우께또리쇼-와 못떼 이마스까.

❾ 네, 이것입니다(여기 있습니다).

はい、 これです。
하이, 코레데스.

❿ 어느 항공편을 이용하셨습니까?

どの便を 利用しましたか。
도노빙오 리요-시마시따까.

⓫ 대한한공(일본항공 / ANA)입니다.

KAL(JAL / ANA)です。
카루(자루 / 아나)데스.

⓬ 만약 찾지 못한다면 어떻게 하면 됩니까?

もし 見つからなかったら どうすれば いいですか。
모시 미쯔까라나깟따라 도- 스레바 이-데스까.

⓭ 항공 카운터에 분실 신고를 해주세요.

航空カウンタ-に 紛失届けを 出して ください。
코-꾸-카운따-니 훈시쯔토도께오 다시떼 쿠다사이.

3. 세관 검사

❶ 여권(세관 신고서)을 보여 주세요.

パスポ-ト(税関申告証)を 見せて ください。

파스뽀-또(제-깐싱꼬꾸쇼-)오 미세떼 쿠다사이.

❷ 신고할 것이 있습니까?

なにか 申告する ものは ありますか。

나니까 싱꼬꾸스루 모노와 아리마스까.

❸ 없습니다. / 있습니다.

ありません。/ あります。

아리마셍 / 아리마스.

❹ 가방(여행용 가방)을 열어 주세요.

かばん(ス-ツケ-ス)を あけて ください。

카방(스-쯔케-스)오 아께떼 쿠다사이.

❺ 가방 속을 보여 주세요.

かばんの中を 見せて ください。

카반노나까오 미세떼 쿠다사이.

❻ 이것은 무엇입니까?

これは 何ですか。

코레와 난데스까.

❼ 선물(일용품)입니다.

お土産(身の回り品)です。

오미야게(미노마와리힌)데스.

❽ 제가 사용하고 있는 것(디지털 카메라 / 노트북)입니다.

私が 使っているもの(デジカメ / ノ-トパソコン)です。

와따시가 츠깟떼 이루 모노(데지카메/ 노－또파소꼰)데스.

❾ 술이나 담배를 가지고 있습니까?

お酒や たばこを 持って いますか。

오사께야 타바꼬오 못떼 이마스까.

❿ 위스키 1병과 담배를 가지고 있습니다.

ウイスキ- 一本と タバコを 持って います。

우이스끼－ 입뽄또 타바꼬오 못떼 이마스.

⓫ 세금을 내야 합니까?

税金を はらわなければ なりませんか。

제－낑오 하라와나께레바 나리마셍까.

⓬ 이것은 세금을 내야 합니다.

これは 課税となります。

코레와 카제－또 나리마스.

⓭ (세금은) 얼마입니까?

(税金は) いくらですか。

(제－낑와) 이꾸라데스까.

⓮ 어디에서 (세금을) 냅니까?

どこで (税金を) 払いますか。

도꼬데 (제－낑오) 하라이마스까.

4. 공항 안내소

● (관광 안내소)는 어디 있습니까?

(観光案内所)は どこですか。

(캉꼬−안나이쇼)와 도꼬데스까.

(화장실 / 리무진 버스 승차장 / 택시 승차장 / 환전소)

(トイレ / リムジンバス乗り場 / タクシ-乗り場 / 両替所)

(토이레 / 리무진바스노리바 / 타꾸시−노리바 / 료−가에죠)

---

❷ 시내 지도(관광 팜플릿)를 주시겠습니까?

市内地図(観光パンフレット)を いただけますか。

시나이찌즈(캉꼬−팡후렛또)오 이따다께마스까.

---

❸ (나리타익스프레스)는 어디서 탑니까?

(成田エクスプレス)は どこで のりますか。

나리따에꾸스뿌레스와 도꼬데 노리마스까.

(케이세이스카이라이나)

(京成スカイライナ-)

(케−세−스카이라이나−)

---

❹ (~호텔에 가는) 리무진 버스는 어디에서 탈 수 있습니까?

(~ホテルへ いく) リムジンバスは どこで 乗れますか。

(~호테루에 이꾸) 리무진바스와 도꼬데 노레마스까.

---

❺ 호텔(시내)까지는 어떻게 갑니까?

ホテル(市内)までは どうやって いきますか。

호테루(시나이)마데와 도−얏떼 이끼마스까.

⑥ 시내까지는 어느 정도 걸립니까?

市内までは どのくらい かかりますか。

시나이마데와 도노쿠라이 카까리마스까.

⑦ 신주쿠까지 가고 싶은데요, 무엇을 타면 될까요?

新宿まで いきたいんですが、 何に 乗ったら いいですか。

신쥬꾸마데 이끼따인데스가, 나니니 놋따라 이−데스까.

⑧ 여기서 호텔 예약이 가능합니까?

ここで ホテルの予約が できますか。

코꼬데 호테루노 요야꾸가 데끼마스까.

⑨ 우에노행 버스 승차장은 어디입니까?

上野行きの バス乗り場は どこですか。

우에노유끼노 바스노리바와 도꼬데스까.

⑩ 표는 어디에서 삽니까?

切符は どこで 買いますか。

킵뿌와 도꼬데 카이마스까.

⑪ 다른(친절하고 싼) 호텔을 소개해 주세요.

ほかの(親切で 安い) ホテルを 紹介して ください。

호까노(신세쯔데 야스이) 호테루오 쇼−까이시떼 쿠다사이.

여행 일본어
한 권으로
끝내자

3. 공항에서 시내로
들어가기

공항에서 시내로 들어가기

1. 나리타(成田) 공항에서 도심으로

제1터미널(나리타 공항역)과 제2터미널(공항 제2빌딩역) 간 이동은 터미널 간 연결 버스(무료, 10분 소요)로 약 10분 간격으로 이어주며, 버스 승차장은 제1여객터미널 빌딩 1, 4층의 버스 승차장 6번이고, 제2여객터미널 빌딩은 1층 버스 승차장 8번, 18번입니다. 히가시 나리타역은 버스 승차장입니다.

① JR 나리타 익스프레스(JR 成田 エクスプレス)

동경역까지 가장 빠른 교통 수단으로 JR패스 이용이 가능하며, 좌석이 전체 지정석입니다. 신칸센을 이용하려면 나리타 익스프레스가 편리합니다.

나리타 공항 JR 매표소

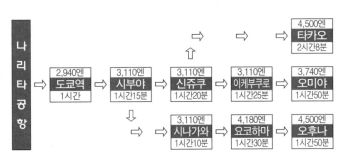

나리타 익스프레스는 동경역까지 가장 빠른 교통 수단으로 JR패스 이용이 가능하며, 전체 좌석이 지정석입니다.

② JR 카이소꾸(쾌속) 에어포트 나리타(JR 快速 Air port 成田)

전체 좌석이 자유석이고 동경역까지 약 1시간 20분 정도 소요됩니다.

나리타공항 ⇨ 도쿄역 1,280엔 ⇨ 시나가와 1,450엔 ⇨ 요코하마 1,890엔 ⇨ 오후나 2,210엔 ⇨ 요코스카 2,520엔

③ 케이세이 스카이라이너(京成 スカイライナ-)

JR선, 지하철로 갈아타는 데 편리하며, 우에노(上野)를 약 1시간 정도에 이어주며, 전체 지정석으로 40분 간격으로 출발합니다.

나리타공항 ⇨ 닙뽀리 1,920엔 ⇨ 케이세이우에노 1,920엔

④ 케이세이 톡큐(京成 特急)

우에노를 75분에 이어주며, 스카이라이너보다 저렴합니다.

나리타공항 ⇨ 아오토 890엔 ⇨ 닙뽀리 1,000엔 ⇨ 케이세이우에노 1,000엔

⑤ 나리타(成田) 공항에서 리무진버스 이용

공항 터미널에서 도쿄 중심부까지 갈 수 있는 교통 수단이며, 운행 노선이 다양하지만, 제 시간에 도착을 예측할 수 없는 것이 단점입니다. 티켓은 공항 내 리무진 버스 매표소에서 구입, 행선지를 확인한 후 이용하면 됩니다.

노선명	노 선	운임(엔)
도쿄역 라인	야에스후지야 호텔	3,000
긴자 라인	팰레스 호텔, 임페리얼 호텔, 긴자 다이이치 호텔 등	3,000
신쥬쿠 라인	신쥬쿠 역, 게이오 프라자 호텔, 힐튼 호텔, 호텔 센츄리 하얏트	3,000
이케부쿠로 라인	선샤인 시티 프린스 호텔, 호텔 메트로폴리탄 도쿄 등	3,000
요코하마 라인	요코하마 시티 에어 터미널(YCAT) 요코하마 프린스 호텔, 호텔 뉴그랜드	3,500 3,800
아카사카 라인	도쿄 젠닛쿠 호텔, 캐피탈 도큐 호텔, 호텔 뉴오타니	3,000
시나가와 에비스	시나가와 프린스, 사쿠라 타워, 다카나와 프린스	3,000
다케시바 임해부도심	고쿠사이 덴지로역, 도쿄 빅사이트 호텔 닛코 도쿄, 호텔 인터컨티넨탈 도쿄베이	2,700~ 3,000

나리타 공항 리무진버스 승차장

2. 나리타 공항에서 하네다(羽田) 공항으로

나리타 공항 버스 매표소

하네다 공항과의 연결은 전철(1,560 엔) [게이세이센(京成線), 도에이지하철(都 営地下鉄), 게이힝 규코센(京浜急行線)]이 나 리무진버스(3,000엔)가 편리합니다.

3. 하네다 공항에서 도심으로

도착지	교통 기관	소요 시간(분)	요금(엔)
이케부쿠로(池袋)	노선버스(路線バス)	60~70	1,200
신쥬쿠(新宿)	노선버스	40~70	1,200
도쿄(東京) 역	노선버스	40	900
요코하마(横浜)	노선버스	30	560
하마마츠쵸-(浜松町)	모노레일	22	470

하네다 공항 리무진버스 승차장

4. 후쿠오카(福岡)에서 도심으로

① 후쿠오카 공항에서 도심으로

방면	교통 수단	소요 시간(분)	요금(엔)
하카타(博多)	지하철	약 5	250
메이노하마(姪浜)	지하철	약 25	320
고쿠라(小倉)	노선버스	80~88	1,000
쿠루메(久留米) 방면	노선버스	약 60	1,000
오무타(大牟田)	노선버스	85	1,500
사가(佐賀)	노선버스	65~75	1,000
시모노세키(下関) 방면	노선버스	80~90	1,500

② 다른 지역으로 이동

노선명	노 선	소요시간(분)
벳뿌(別府)	오이타코츠(大分交通) 고속버스	1시간 55분
하우스텐보스	니시테츠(西鉄) 고속버스	1시간 40분
구마모토(熊本)	니시테츠(西鉄) 고속버스	1시간 30분

③ 하카타항 국제여객터미널에서 도심으로

   o 하카타역까지 : 버스 84번 약 12분

   o 텐진까지 : 버스 80번 약 10분

5. 간사이(関西) 공항에서 도심으로

교통 기관		도착지	소요시간 (분)	요금(엔)		
				자유석	지정석	그린석
JR선	특급 하루카 (特急はるか)	교토	73	2,980	3,490	4,220
		신오사카	45	2,470	2,980	3,710
		니시쿠조	38	2,310	2,820	3,550
		덴노지	29	1,760	2,270	3,000
	간쿠가이소쿠 (関空快速) `	교바시	72	1,160		
		오사카	63			
		니시쿠조	59			
		덴노지	43	1,030		
		JR난바	49			
				보통 요금	특별 요금	합계
난카이센 (南海線)	라피토α	난바	33	890	500	1,390
	라피토β	난바	36	890	500	1,390
	공항 급행	난바	42	890	—	—
리무진 버스		우메다	65			1,330
		난바	45			880
		덴보잔	62			1,300
		난코	47			1,300

간사이 공항

여행 일본어
한 권으로
끝내자

여행 일본어 한 권으로 끝내자

4. 교 통

교 통

1. 지하철 · 전철

① 지하철

도쿄(東京), 요코하마(橫浜), 센다이(仙台), 오사카(大阪), 교토(京都), 나고야(名古屋), 고베(神戶), 후쿠오카(福岡), 삿포로(札幌)의 9개 도시에서 운영되고 있습니다.

ⓐ 도쿄의 민영지하철(에이단 지하철, 営団地下鉄)

오렌지색의 긴자센(銀座線), 빨강색의 마루노우치센(丸ノ内線), 은색의 히비야센(日比谷線), 하늘색의 도자이센(東西線), 녹색의 지요다센(千代田線), 노란색의 유라쿠초센(有樂町線), 보라색의 한조몬센(半藏門線), 연녹색의 남보쿠센(南北線) 등이 운행되고 있습니다.

ⓑ 도쿄도에서 운영하는 도에이(都営) 지하철

도에이 아사쿠사센(都営浅草線), 도에이 신주쿠센(都営新宿線), 도에이 미타센(都営三田線), 도에이 오ー에도센(都営大江戶線) 등이 있습니다.

일본은 차가 좌측 통행을 하며,
우리 나라와 반대라는 것을 알아두세요.

기본 요금은 160엔으로 갈아타거나 더 갈 경우에는 요금 정산기에서 요금을 확인한 후 다시 티켓을 끊거나 차액을 지불하면 됩니다. 서로 같은 소속 노선끼리는 환승이 가능하며, JR패스가 적용되지 않아 다른 소속 노선을 갈아탈 경우 새로 티켓을 구입해야 합니다.

② 전철

지상으로 달리고 있는 전철은 JR과 시테츠(私鉄)로 구분됩니다. 주요 도시의 유용한 교통 수단이며, 동경의 JR노선은 연두색의 야마노테센(山手線 ; 순환선), 노란색의 소부센(総武線), 주황색의 주오센(中央線), 하늘색의 케이힝도호쿠센(京浜東北線) 등이 있고, JR패스가 적용됩니다. 순환선인 야마노테센을 이용하면 동경 시내 주요 볼거리를 볼 수 있으며, 기본 요금 130엔에 요금은 이용 구간에 따라 추가됩니다.

시테츠(私鉄)는 주로 JR선이 연결되지 않은 교외구간을 운행하는데, 저렴하지만 JR패스가 적용되지 않아 환승할 경우 요금 정산을 해야 합니다.

2. 버 스

다양한 회사의 정기 노선 버스가 운행되고 있으며, 시내버스
는 앞으로 타고 뒤로 내리는 버스와, 뒤로 타고 앞으로 내리는
두 종류가 있다. 뒤로 타고 앞으로 내리는 버스는 승차할 때 세
리켕(整理券)이라는 번호표를 뽑아 내릴 때 버스 앞 위쪽에 있
는 요금 표지판에서 번호표의 숫자에 해당하는 요금과 세리켕
을 운전석 옆에 있는 요금통에 넣고 하차하면 됩니다. 잔돈을
준비하는 것이 좋으며, 지폐를 낼 경우에는 지폐 교환기(요금통
에 부착되어 있음)에서 잔돈을 교환한 후 금액을 요금통에 넣습
니다.

3. 철 도

전국을 운행하는 JR과 여러 사철(私鉄)이 도시 사이를 연결
하고 있으며, JR(Japan Railways)은 신칸센(新幹線, 고속열
차), 독큐(特急, 특급), 규코(急行, 급행), 가이소쿠(快速, 쾌속),
후쯔(普通, 보통)열차로 나뉩니다. 보통열차는 각 역마다 정차
합니다. 보통, 쾌속, 급행은 승차권(乗車券)만으로 이용 가능하
지만, 특급은 승차권과 함께 특급권(特急券)을 구입해야 합니다.
모든 JR철도역에 설치되어 있는 미도리노 마도구치(みどりの窓
口)를 이용하면 JR열차와 관련된 모든 안내와 상담 및 티켓을
발매하고 있습니다.

사철은 JR보다 조금 저렴하며 지역별로 다양한 노선이 있습니다. 대표적으로 도쿄의 게이세이(京成), 오사카의 한큐(阪急), 게이한(京阪) 등이 있습니다.

4. 택시

합승이나 승차 거부, 바가지 요금 등이 없고 문은 운전기사가 자동으로 여닫아 줍니다.

기본 요금은 도시별로 조금씩 다르지만 대략 중형차가 660엔, 소형차가 640엔 정도이며, 심야(23 : 00 ~ 05 : 00)에는 30%의 할증료가 부과됩니다. 택시는 앞 유리창에 '쿠 - 샤(空車)'라고 빨간 불이 켜졌으면 손을 들어 승차할 수 있습니다. 또 하나 일본은 차가 좌측 통행을 하며, 우리 나라와 반대라는 것도 알아두세요.

1. 지하철 · 전철

① 실례합니다만, 지하철역(매표소)은 어디입니까?

すみませんが、地下鉄の駅(切符売り場)は どこですか。

스미마셍가, 치까테쯔노에끼(킵뿌우리바)와 도꼬데스까.

② (왕복 / 편도) 얼마입니까?

(往復 / 片道) いくらですか。

(오-후꾸 / 카따미찌) 이꾸라데스까.

③ 동경역(아키하바라 / 시나가와)까지 어느 정도 걸립니까?

東京駅(秋葉原 / 品川)まで どのくらい かかりますか。

토-꾜-에끼(아끼하바라/시나가와)마데 도노쿠라이 카까리마스까.

④ 다음 (버스)는 몇 시에 출발합니까?

次の(バス)は 何時に でますか。

쯔기노 (바스)와 난지니 데마스까.

(전철 / 지하철 / 열차 / 신칸센)

(電車 / 地下鉄 / 列車 / 新幹線)

(덴샤 / 치까테쯔 / 렛샤 / 싱깐셍)

⑤ 몇 분 간격으로 출발합니까?

何分おきに でますか。

남뿡오끼니 데마스까.

⑥ ~으로 가는 것은 무슨 선입니까?

~へ行くのは 何線ですか。
~에 이꾸노와 나니센데스까.

---

⑦ 표는 어디에서 살 수 있습니까?

切符は どこで 買えますか。
킵뿌와 도꼬데 카에마스까.

---

⑧ 신주쿠(동경역 / 이케부쿠로)까지 얼마입니까?

新宿(東京駅 / 池袋)まで いくらですか。
신쥬꾸(토-꾜-에끼 / 이께부꾸로)마데 이꾸라데스까.

---

⑨ ~행 버스는 어디서 탑니까?

~行の バスは どこで 乗りますか。
~유끼노 바스와 도꼬데 노리마스까.

---

⑩ 어디서 갈아탑니까?

どこで のりか(乗り換)えるんですか。
도꼬데 노리까에룬데스까.

---

⑪ 어른 1장(과 어린이 2장) 주십시오. / 부탁합니다.

大人 一枚(と 子供 にまい) ください。/ お願いします。
오또나 이찌마이(또 코도모 니마이) 쿠다사이. / 오네가이시마스.

---

⑫ (~로 나가는) 출구(입구)는 어느 쪽입니까?

(~へ)の 出口(入り口)は どちらですか。
(~에)노 데구찌(이리구찌)와 도찌라데스까.

---

⑬ 마지막 전철은 몇 시입니까?

終電は 何時ですか。
슈-뎅와 난지데스까.

- 전철   **電車**   덴샤
- 지하철   **地下鉄**   치까테쯔
- 역   **駅**   에끼
- 출구   **出口**   데구찌
- 출입구   **出入り口**   데이리구찌
- 동(출구)   **東(口)**   히가시 (구찌)
- 서(출구)   **西(口)**   니시 (구찌)
- 남(출구)   **南(口)**   미나미 (구찌)
- 북(출구)   **北(口)**   키따(구찌)
- 자판기   **自動販売機**
         지도-함바이끼
- 매표소   **切符売り場**
         킵뿌우리바
- 무슨 선   **何線**   나니센
- 홈   **ホーム**   호-무
- 표(티켓) **切符**   킵뿌

- **山手線**(전철노선 이름)
     야마노떼센
- **中央線**   츄-오-센
- **総武線**   소-부센
- **銀座線**   긴자센
- 회수권   **回数券**   카이스우껭
- 개찰구   **改札口**   카이사쯔구찌
- 발차   **発車**   핫샤
- 마지막 전철   **終電**   슈-덴

 알아두세요

편리한 1일 승차권

- 에이단(営団) 지하철 1일 승차권 : 에이단 지하철의 모든 노선을 하루종일 자유롭게 이용 가능하며, 정기권 매장, 주요 역의 자동 판매기에서 판매. 대인 710엔 / 소인 360엔
- 도에이(都営) 교통 1일 승차권 : 도에이 지하철·전철, 도에이 버스(2층 버스, 좌석 지정 버스는 제외)를 하루종일 자유롭게 이용 가능한 승차권. 지하철 판매기, 도에이 전철, 도에이 버스에서 판매. 대인 700엔 / 소인 350엔

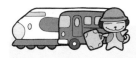

역 구내 안내 방송

❶ 다음은 동경역입니다.

つぎは 東京駅です。

쯔기와 토-꾜-에끼데스.

❷ 잠시 후에 전철이 도착합니다.

まもなく 電車が 参ります。

마모나꾸 덴샤가 마이리마스.

❸ 내리실 분은 잃은 물건이 없도록 내려주십시오.

お降りのかたは 忘れ物のないように

お降りください。

오오리노 카따와 와스레모노노 나이요-니 오오리 쿠다사이.

❹ 문이 닫힙니다. 조심하십시오.

ドアが 閉まります。 ご注意ください。

도아가 시마리마스. 고쮸-이 쿠다사이.

❺ 위험하니까 흰 선 안쪽에서 기다려 주십시오.

危ないですから、 白線の 内側に おさがりください

(白線の内側でお待ちください)。

아부나이데스까라, 하꾸센노 우찌가와니 오사가리쿠다사이

(하꾸센노 우찌가와데 오마찌쿠다사이).

2. 버스

① (~행) 버스 정류장(버스터미널)은 어디입니까?

(~行)の バス乗り場(バスタ-ミナル)は どこですか。

(~유끼)노 바스노리바(바스타-미나루)와 도꼬데스까.

② 리무진버스 승차장(매표소)은 어디입니까?

リムジンバス乗り場(切符売り場)は どこですか。

리무진바스노리바(킵뿌우리바)와 도꼬데스까.

③ 어느 버스가 ~에 갑니까?

どのバスが ～へ 行きますか。

도노바스가 ~에 이끼마스까.

④ 아사쿠사(신오쿠보)에 가는 버스는 어느 버스입니까?

浅草(新大久保)へ 行く バスは どのバスですか。

아사꾸사(싱오-꾸보)에 이꾸 바스와 도노 바스데스까.

⑤ ~에 갑니까?

～へ 行きますか。

~에 이끼마스까.

⑥ 다음 버스는 몇 시에 출발합니까?

次のバスは 何時に でますか。

쯔기노 바스와 난지니 데마스까.

⑦ 몇 시에 도착합니까?

何時に つきますか。

난지니 쯔끼마스까.

❽ 이 버스는 몇 분 간격으로 출발합니까?

このバスは 何分おきに でますか。

코노바스와 남뿡오끼니 데마스까.

---

❾ ~에 도착하면 알려 주십시오.

~に ついたら おしえて ください。

~니 쯔이따라 오시에떼 쿠다사이.

---

❿ ~행 버스는 어디서 탑니까?

~行 バスは どこで 乗りますか。

~유끼 바스와 도꼬데 노리마스까.

관련용어			
• 버스 정류장	バス停	바스테-	
• 버스 승차장	バス乗り場	바스노리바	
• 관광버스	観光バス	캉꼬-바스	
• 동경 시내 관광버스 이름	はとバス	하또바스	
• ~경유~행	~経由~行	~케-유-유끼	
• 정리권	整理券	세-리껭	
• 노선 버스	路線バス	로셈바스	
		(정해진 노선을 달리는 유료 버스)	
• 버스터미널	バスターミナル	바스타-미나루	
• 노인석	シルバーシート	시루바-시-또	
• 운임	運賃	운찡	
• 회수권	回数券	카이스우껭	

버스 내 안내 방송

❶ 다음은 신주쿠 역에 정차합니다.

次は 新宿駅に 止まります。

쯔기와 신쥬꾸에끼니 토마리마스.

❷ 내리실 분은 벨을 눌러 주십시오.

お降りのかたは ベールを 押して ください。

오오리노 카따와 베ー루오 오시떼 쿠다사이.

❸ 다른 손님에게 폐가 되므로 차내에서는 전원을 꺼 주십시오.

他の お客様に ご迷惑に なりますので

車内では 電源を お切りください。

호까노 오캬꾸사마니 고메ー와꾸니 나리마스노데
샤나이데와 뎅겡오 오키리쿠다사이.

3. 철 도

❶ 미도리노 마도구치는 어디입니까?

みどりの 窓口は どこですか。

미도리노 마도구찌와 도꼬데스까.

❷ 교토에 가고 싶은데, 무엇을 타면 됩니까?

京都へ 行きたいんですが、何に 乗れば いいんですか。

쿄－또에 이끼따인데스가, 나니니 노레바 이－ㄴ데스까.

❸ 창 쪽(통로 쪽) 좌석을 주십시오. / 부탁합니다.

窓側(通路側)の 席を ください。/ お願いします。

마도가와(쯔－로가와)노세끼오 쿠다사이 / 오네가이시마스.

❹ (교토 / 오사카)까지는 얼마나 걸립니까?

(京都 / 大阪)までは どのくらい かかりますか。

(쿄－또 / 오－사까)마데와 도노쿠라이 카까리마스까.

❺ 이 열차는 급행입니까, 특급입니까?

この 列車は 急行ですか、特急ですか。

코노렛샤와 큐－꼬－데스까, 톡뀨－데스까.

❻ 오사카까지 왕복(편도)으로 1장 주십시오. / 부탁합니다.

大阪まで 往復(片道) 一枚 ください。/ お願いします。

오－사까마데 오－후꾸(카따미찌) 이찌마이 쿠다사이 / 오네가이시마스.

❼ 급행(특급 / 신칸센)은 있습니까?

急行(特急 / 新幹線)は ありますか。

큐－꼬－(톡뀨－ / 싱깐셍)와 아리마스까.

⑧ 이 열차는 ~에 정차합니까?

この列車は ~に 止まりますか。

코노렛샤와 ~니 토마리마스까.

⑨ 실례합니다만, 빈자리입니까?

すみませんが、空いて いますか(空席ですか)。

스미마셍가, 아이떼 이마스까(쿠-세끼데스까).

⑩ 지정석(그린차)은 몇 호 차입니까?

指定席(グリーン席)は 何号車ですか。

시떼-세끼(구리-ㄴ세끼)와 나니고-샤데스까.

⑪ 여기는 자유석(지정석)입니까?

ここは 自由席(指定席)ですか。

코꼬와 지유-세끼(시떼-세끼)데스까.

⑫ 식당차는 딸려 있습니까?

食堂車は ついて いますか。

쇼꾸도-샤와 츠이떼 이마스까.

알아두세요

JR 동일본 안내 서비스

　JR East Info Line에서는 연말 연시를 제외하고 JR 동일본의 열차 시각, 운임, 목적지 등에 대한 안내 서비스를 하고 있습니다.

○ 매일 10 : 00 ~ 18 : 00 (한국어) Tel. 03)3423 - 0111

- 안내소 案内所 안나이쇼
- 개찰구 改札口 카이사쯔구찌
- 갈아타는 곳 乗り換え口 노리카에구찌
- 녹색 창구(신칸센 등의 매표소) みどりの窓口 미도리노마도구찌
- 플랫폼 プラットホーム 푸랏또호-무
- 플랫폼 번호 ホーム番号 호-무방고
- 야간열차 夜行列車 야꼬-렛샤
- 마지막 열차 最終列車 사이슈-렛샤
- 침대차 寝台車 신다이샤
- 신간선(고속열차) 新幹線 싱깐센
- 특급 特急 톡뀨
- 급행 急行 큐-꼬-
- 쾌속 快速 카이소꾸
- 보통(열차) 普通(列車) 후쯔-(렛샤)
- **(신칸센의 이름)** • 노조미 のぞみ
  - 히까리 ひかり
  - 코다마 こだま

기차 내 안내방송 夜行列車

❶ 교토행 열차가 ~번 선에서 곧 출발합니다.

まもなく～番線から 京都行の
列車が 発車いたします。
마모나꾸 ~반셍까라 쿄-또유끼노 렛샤가 핫샤이따시마스.

4. 택 시

① 택시 승강장은 어디입니까?

タクシ-乗り場は どこですか。
타꾸시-노리바와 도꼬데스까.

② 택시를 불러 주세요.

タクシ-を 呼んで ください。
타꾸시-오 욘데 쿠다사이.

③ 어디로 가십니까?

どちらへ いかれますか。
도찌라에 이까레마스까.

④ ~까지 가주세요.

~まで 行って ください。
~마데 잇떼쿠다사이.

⑤ 이 주소까지 부탁합니다. (주소를 보여주며)

この住所まで お願いします。
코노쥬-쇼마데 오네가이시마스.

⑥ 트렁크를 열어 주십시오.

トランクを あけて ください。
토랑쿠오 아께떼 쿠다사이.

⑦ 서둘러 주십시오.

急いで ください。
이소이데 쿠다사이.

❽ 저기(역 앞)에서 내려주십시오.

あそこ(駅の前)で おろして ください。

아소꼬(에끼노마에)데 오로시떼 쿠다사이.

❾ 다음 신호(저 모퉁이)에서 우(좌)회전해 주십시오.

次の信号(あの角)で 右(左)に 曲がって ください。

쯔기노 싱고-(아노카도)데 미기(히다리)니 마갓떼 쿠다사이.

❿ 얼마입니까?

いくらですか。

이꾸라데스까.

⓫ 여기에서 (호텔까지) 어느 정도 걸립니까?

ここから (ホテルまで) どのくらい かかりますか。

코꼬까라 (호테루마데) 도노쿠라이 카까리마스까.

⓬ 저기 (저 건물 앞)에서 세워 주세요.

あそこ (あの ビルの 前)で 止めて ください。

아소꼬(아노 비루노 마에)데 토메떼 쿠다사이.

단어정리		
• 택시승차장	**タクシ- 乗り場**	타꾸시-노리바
• 신호	**信号**	싱고-
• 교차로	**交差点**	코-사뗑

알아두세요

택시를 이용할 때
　택시를 타고 목적지를 설명하기 어려울 때는 주소를 보여주며, 데려
다 달라고 하면 친절하게 데려다 줍니다.

활용하면 유익한 할인 티켓

1. JR패스(Japan Rail Pass)

 외국인을 위한 패스로 일본 전역의 JR열차와 신칸센(노조미 제외), 나리타 익스프레스, JR버스, JR페리 등 일정 기간 동안 횟수, 구간, 거리에 관계없이 이용 가능한 승차권으로 7일, 14일, 21일권이 있으며, 한국에서 구입해야 합니다. JR야간버스와 JR페리도 이용 가능합니다. JR패스 교환권은 구입한 날로부터 3개월 이내에 JR패스로 교환해야 하며, 공항의 여행 안내소나 전국 JR 각 역의 미도리노마도구치(みどりの窓口)에서 JR패스로 교환한 다음 이용합니다. 재발급이 되지 않으므로 분실하지 않도록 주의해야 합니다.

o www.japanrailpass.net

(한국어, 일본어, 영어 등)

JR PASS	그린권(특실)		보통권(지정석)	
	어 른	어린이(6~11세)	어 른	어린이(6~11세)
7일	37,800엔	18,900엔	28,300엔	14,150엔
14일	61,200엔	30,600엔	45,100엔	22,550엔
21일	79,600엔	39,800엔	57,700엔	28,850엔

JR이나 버스를 이용, 여러 곳을 여행하고자 하는 분은
사전에 교통 PASS를 구입해 두는 것이 훨씬 유리합니다.

95

2. 청춘18티켓 (青春18きっぷ)

여행자를 위해 매년, 봄, 여름, 겨울의 일정 시즌
에만 발매하는 철도 승차권입니다. 하루 동안 일본
전역의 JR보통열차, 쾌속열차를 자유롭게 이용할 수
있는 티켓 5장으로 구성된 청춘 18티켓은 국적, 연
령 등에 관계없이 누구나 각 철도역의 JR미도리노마도구치(み
どりの窓口)에서 구입 가능합니다.

사용 유효 기간은 1일이며, 가격은 11,500엔입니다.

3. 슈유켕(周遊券)

특정 지역의 JR이나 버스를 마음대로 이용할
수 있는 티켓으로 특정 지역을 구석구석 여행하
려고 하는 여행객에게 유익합니다. 홋카이도 와
이도 슈유켕(北海道 ワイド 周遊券), 도호쿠(東
北) 와이도 슈유켕, 게한신(京阪神) 와이도 슈유켕, 규슈(九州)
와이도 슈유켕, 시코쿠(四国) 와이도 슈유켕 등이 있으며, 한국
에서도 구입 가능합니다.

도쿄 주변에서 사용할 수 있는 저렴한 프리티켓

1. JR 도쿠나이 프리티켓(都区内フリーきっぷ)

도쿄도(東京都) 23구내에서 山手線을 포함 JR보통열차를 하루 동안 자유롭게 승·하차할 수 있는 프리티켓. 가격은 730엔이며, JR東日本(JR히가시니혼) 주요 역에서 구입 가능합니다.

2. 도쿄 프리티켓(東京フリーきっぷ)

1,580엔이며, 도쿄 23구내(시내)에서 운행되는 거의 모든 교통 수단을 이용할 수 있는 티켓. 23구내 JR은 물론, 지하철 전노선(営団/都営), 도에이버스(都営バス, 23구내 전구간), 도덴(都電, 궤도전차)을 하루종일 자유로이 승·하차할 수 있는 프리티켓입니다. (사철/민영버스는 승차하지 못함)

3. 1박 3일 여행객을 위한 모노레일왕복 + JR 2일 프리티켓 (2,000엔)

하네다공항을 이용하는 밤도깨비 여행객들께 가장 이상적인 프리티켓으로 하네다~도쿄 도심간 모노레일 왕복과 도 구내(都区内) JR열차를 이틀 동안 자유롭게 이용할 수 있습니다. 하네다공항 국내선 티켓 자동판매기 13번에서 구입 가능합니다. JR 1일 패스는 730엔.

4. 유리카모메(ゆりかもめ) 1일 승차권

유리카모메는 신바시(新橋)역에서 출발하며, 동경 바다에 위에 세워진 임해부도심(오다이바, お台場)으로 가는 무인 모노레일로 하루종일 무제한 탈 수 있는 패스입니다. 800엔이며, 수상버스와 유리카모메를 함께 이용할 수 있는 스이죠바스안도 유리카모메 교츠후리파스(水上バス&ゆりかもめ共通フリーパス, 900엔)도 있습니다.

기타 교통 패스

1. JR WEST PASS
① 간사이에리어패스

　　　　　　　　JR西日本(JR니시니혼)에서 발행한 패스로 간사이 지역의 대부분의 열차를 승차할 수 있는 패스로, JR선만 이용 가능(신칸센이나 특급열차는 제외)하며, 좀 비싸지만 히메지까지 가고 싶은 여행객에게는 매우 편리한 패스입니다. 이용 구간은 교토(京都), 오사카(大阪), 나라(奈良), 고베(神戸), 니시아카시(西明石) - 유니버설시티(ユニバ-サルシティ) - 히메지(姫路)입니다.

② 산요에리어패스

　　　　　　　　산요(山陽)지역 [오사카 간사이공항부터 하카타(博多)까지]의 신칸센 노조미호를 포함 모든 열차를 마음대로 탈 수 있는 패스입니다. 주의할 점은 특급[하루카, はるか] 이외의 특급 열차를 승차할 경우 특급 요금이 추가되며, 이용 구간은 오사카, 오카야마(岡山), 히로시마(広島), 하카타(博多)입니다. 오사카 간사이공항에서 입국하여 하카타까지 여행할 때 유익한 티켓입니다.

2. JR EAST PASS

JR東日本(JR히가시니혼)에서 발행하는 철도 패스로 도쿄를 기점으로 동북쪽 지역을 여행하고자 하는 여행자들에게 유익한 티켓입니다. JR 역내 View Plaza, 나리타공항역 등에서 구입, 교환 가능하며, 자유 4일(2만엔, 유효 기간 한 달), 연속 5일(2만 엔), 연속 10일(3만 2천 엔) 티켓이 있습니다. 보통석과 12세~25세까지 할인 가격에 구입 가능한 유스석이 있습니다.

3. 간사이(関西) 스루패스(KANSAI THRU PASS)

2000년에 간사이 지역의 교통회사들이 연합하여 만든 패스로 간사이1일패스(= 오사카주유패스 ; 2,000엔)와 2일권(3,800엔), 3일권(5,000엔)이 있습니다. 2, 3일권을 간사이스루패스 또는 스룻또간사이패스라고도 합니다. 한국 내의 취급 여행사에서 구입 가능하며, 오사카(大阪), 교토(京都), 코베(神戸), 나라(奈良). 히메지(姫路)를 여행할 때 도움이 됩니다. 오사카, 간사이지방의 주요 관광지나 일부 식당에서 할인 혜택을 받을 수 있습니다.

4. 오사카 1일 교통 패스

지하철, 뉴 트럼, 시영 버스를 하루에 자유롭게 이용할 수 있는 패스로 오사카 시내 관광 및 비즈니스, 쇼핑 등 오사카 시내를 하루 동안 저렴한 가격으로 여행하고 싶다면 오사카 1일 교통 패스를 이용하면 좋습니다. 승차 당일의 날짜가 찍힌 공통일 일승차권(850엔)이나 No-My-Car 프리티켓(600엔, 매월 20일과 매주 금요일에 사용 가능)을 제시하면 오사카성 등 관광시설의 입장료 등이 할인됩니다.

5. 큐슈 레일 패스(Kyushu Rail Pass)

큐슈 레일 패스는 한국에서만 구입 가능한 패스이며, 큐슈 내 모든 JR열차를 자유롭게 승차할 수 있는 패스로 큐슈여행에 매우 유익합니다. 선박(비틀, 제비)이 포함된 패스와 포함되지 않은 것 2종류로 3일, 5일, 7일권이 있으며, 승선 2~3일 전에 예약 확인을 해야 합니다. 비틀 왕복이 포함된 큐슈 레일 패스 소지자는 큐슈지역 관광버스도 승차 가능합니다. 단, 승차 하루 전날까지 하카타역의 미도리노마도구치에서 예약해야 승차가 가능합니다.

6. JR HOKKAIDO RAIL PASS(홋카이도 레일 패스)

홋카이도(北海道)를 여행할 때 이용할 수 있는 패스로 홋카이도의 JR 홋카이도 각 역에서 구입 가능합니다. 홋카이도 전 지역의 주요 도시를 운행하며, 홋카이도 내의 모든 열차를 이용할 수 있습니다. 3일권과 5일권이 있습니다.

PASS	그린권(특실)	보통권
3일	20,000엔	14,000엔
5일	25,000엔	18,000엔

7. 교토(京都) 버스 1일 승차권(市バス専用一日乗車券カ-ド)

교토 관광지를 하루에 두루두루 여행할 수 있는 승차권으로 500엔입니다. 교토시 버스 영업소나 교토시 버스 차내에서 구입 가능합니다.

알아두세요

삿포로시 한국인 여행자 전용 콜센터 개설

삿포로 시내의 교통편 안내, 관광지 소개, 축제 정보, 여행스케줄 상담 등 삿포로 여행의 전반적인 상담을 할 예정이며, 상담원은 한국인으로 콜센터 전화번호는 일본내에서 011- 222- 23210이며, 한국에서는 (국제전화 회사번호)- 81- 222- 2321로 이용시간은 08:00~20:00까지입니다.

8. 에노시마 · 가마쿠라 프리 패스 (江ノ島 · 鎌倉フリ-パス)

에노시마와 가마쿠라 프리 패스는 동경에서 한 시간 거리의 관광지인 에노시마 · 가마쿠라를 여행할 때 유익한 패스로, 오다큐선 (小田急線) 신쥬쿠역과 각 오타큐선 역에서 구입 가능합니다. 신쥬쿠에서 1,430엔이면 이용할 수 있으며, 신주쿠에서 편도 600엔을 추가하면 특급 로망스카를 탑승할 수 있습니다. 또 500엔만 추가하면 가마쿠라 시내버스(지정구간), JR가마쿠라역 – JR기타가마쿠라역 구간의 JR열차를 하루 동안 자유롭게 이용할 수 있습니다.

9. 닛꼬(日光) 미니 패스 (日光ミニフリ-パス)

국립공원인 닛꼬는 도쿄에서 2시간 거리로 닛꼬 미니 패스는 2일간 유효합니다. 도쿄 도부아사쿠사역(東武浅草駅)에서 도부닛꼬역(東武日光駅)까지의 도부닛꼬센(東武日光線) 쾌속열차를 이용할 수 있고, 닛코 관광지 내의 버스 이용과 케이블카 할인이 가능합니다.

10. 하코네(箱根) 프리 패스(箱根フリ-パス)

하코네는 후지산(富士山)의 아름다운 경치와 일본의 역사·정서를 즐길 수 있는 유명한 관광지입니다. 신쥬쿠에서 하코네 유모토(箱根湯本)까지 오다큐선(小田急線) 특급 열차로 약 2시간 걸립니다. 하코네 프리 패스는 하코네 여행의 필수품으로 하코네 관광 명소를 관광하는 데 빼놓을 수 없는 6종류의 교통기관을 자유롭게 이용할 수 있는 저렴한 패스입니다. 하코네 프리 패스(신쥬쿠에서 5,500엔, 3일 연속 사용 가능)와 하코네 위크데이 패스(4,700엔, 월~목 2일 연속 사용 가능)가 있습니다.

11. 도쿄 뮤지엄 구룻토 패스 2004(グルット-パス 2004)

도쿄 도내에 위치한 국·공립 및 사립 미술관/박물관/동물원/수족관 등의 입장 및 할인 혜택을 받을 수 있는 티켓으로, 각 시설의 무료 입장권과 할인권 등이 1권으로 묶여 있는 티켓 모음집입니다. 가격은 2,000엔이고, 유효 기간은 2개월입니다.

○ 판매 기간 : 2005년 1월 31일까지

  (단, 최종 유효일은 2005년 3월 31일까지)

○ http://www.museum.or.jp/grutt2004/

여행 일본어
한 권으로
끝내자

여행 일본어 한 권으로 끝내자

5. 숙박하기

일본의 숙박시설

1. 고급 호텔

최고의 편의시설과 서비스를 받을 수 있으며, 영어로 의사소통이 가능합니다. 고급 식당, 쇼핑가, 칵테일 라운지를 비롯, 룸서비스나 통역 업무까지 거의 모든 서비스를 받을 수 있습니다. 대부분의 고급 호텔들은 인접 국제 공항 간 리무진버스를 운행하고 있으며, 호텔에 따라 다소 차이는 있으나 국제 수준급인 1급 호텔의 경우 1박 기준으로 싱글이 1만 5천~3만 엔 정도이고, 트윈이 2만~4만 5천 엔 정도입니다.

2. 비즈니스 호텔

비즈니스맨이나 자유 여행객이 이용하기 편리한 숙박시설로 고급 호텔에 비해 저렴하지만, 서비스 면에서는 뒤떨어집니다. 각 층 객실 복도에 자동 판매기가 있고, 식당이 갖추어져 있습니다. 역에서 가까운 곳에 있어 편리하며, 객실은 주로 욕실이 딸려 있는 싱글이 대부분입니다.

숙박료는 보통 1인 1박 5,000~10,000엔 정도입니다.

일본은 숙박비가 비싼 편입니다.
숙박할 곳을 미리 예약해 두면 할인받을 수 있습니다.

107

3. 료칸(旅館)

일본 특유의 정취와 정원, 전통적인 생활 양식을 체험하고 싶다면 다다미가 깔린 일본식 여관에서 묵는 것도 좋을 것입니다. 온천 문화와 오카미상(여관 여주인)의 따뜻한 환대를 접할 수 있으며, 여종업원들이 식사를 방까지 가져와 시중들어 주고, 침구도 직접 깔아줍니다. 연회장이 갖추어져 있어 인원이 많다면 연회를 즐길 수도 있습니다. 아침, 저녁 두 끼 식사가 포함되며 세금과 서비스 요금은 별도입니다.

1인당 1박 숙박료는(고급 료칸 40,000엔 이상) 천차만별이지만 보통12,000엔 ~ 20,000엔 정도입니다.

ㅇ 국제관광료칸연맹 (Japan Ryokan Association)

http://www.ryokan.or.jp(한국어 · 일본어 · 영어 · 중국어)

4. 민슈쿠(民宿, 민박)

일본인이 운영하는 민슈쿠(民宿)는 가족 단위로 운영하기 때문에 가족적인 분위기를 맛볼 수 있으며, 1박 2식에 5,000 ~8,000엔 정도입니다. 하지만 가정집이라 다른 사람과 함께 생활해야 하고, 별도의 서비스가 없는 불편을 감수해야 합니다. 또 재일 교포들이 운영하는 민박은 도쿄, 오사카를 비롯한 대도시에 있으며, 무엇보다도 저렴한 가격과 원활한 의사 소통이 가능하다는 장점이 있습니다. 그러나 아파트를 임대해 민박사업을 하는 등 본래의 민슈쿠의 의미를 상실하고 단순한 숙박시설로 전락된 경향을 보이는 곳이 많으므로 선택할 때 주의가 필요합니다.

요금은 성수기와 비수기에 따라 다르지만, 일반적으로 1인당 3,000~3,500엔 정도입니다.

5. 고쿠민슈쿠샤(国民宿舎)

인기 휴양지나 국립공원 지역 내에 자리잡은 일본식 숙박시설로 저렴한 숙박료로 야외 활동을 체험하고 일본의 웅장한 자연을 만끽하고 싶다면 고쿠민슈쿠샤도 권할 만합니다.

두 끼의 식사를 포함하여 1인당 1박 숙박료가 약 6,500엔 정도입니다.

6. 유스호스텔

유스호스텔은 침실이 남녀 별도이고, 식사와 침구 정리 등은 셀프입니다. 일본의 경우 도심에서 떨어진 곳에 자리잡은 곳이 많으며, 침대방과 다다미방이 있습니다. 또한 유스호스텔 협회나 일본 여관 협회에 가입한 절이나 신사에서도 저렴한 요금으로 숙박할 수 있습니다. 요금은 1인당 3,000~4,000엔(2식 4,500엔) 정도이고, 비회원은 1,000엔이 추가됩니다.

ㅇ 일본 유스호스텔 연맹(http://www.jyh.or.jp 한국어) 참고

7. 캡슐호텔(カプセルホテル)

일본의 독특한 숙박 형태로 한 사람이 들어가 눕거나 앉을 정도 공간의 캡슐이 여러 층으로 겹쳐진 구조입니다. 최근에는 여성들도 이용할 수 있는 캡슐호텔도 등장했습니다. 대부분 사우나를 겸하고 있으며, 하루 숙박료는 3,000~4,000엔 정도입니다.

8. 펜션(ペンション)

가정집같은 분위기와 정성어린 음식이 특징이며, 일본 전역 유명 휴양지에 서양식 객실을 갖추고 있습니다.

평균 숙박료는 두끼 식사 포함 8,000~10,000엔 정도입니다.

5. 숙박하기

1. 예약하기

❶ 방(호텔 / 여관)을 예약하고 싶습니다만.

部屋(ホテル / 旅館)を予約したいんですが。
헤야(호테루 / 료깡)오 요야꾸시따인데스가.

❷ ~일부터 ~일까지 묵고 싶습니다만.

~日から~日まで 泊まりたいんですが。
~니찌까라 ~니찌마데 토마리따인데스가.

방 있습니까?

お部屋 ありますか。
오헤야 아리마스까.

❸ 네, 있습니다만, 몇 분이십니까?

はい、 ございますが、 何名様ですか。
하이, 고자이마스가, 남메-사마데스까.

❹ 한 명(두 명 / 세 명)입니다.

一人(二人 / 三人)です。
히또리(후따리 / 산닌)데스.

❺ 어떤 방(여관 / 호텔)을 원하십니까?

どんな 部屋(旅館 / ホテル)が よろしいですか。
돈나 헤야(료깡 / 호테루)가 요로시-데스까.

❻ (전망이 좋은 방)을 부탁합니다.

(眺めのいい部屋) を お願いします。

(나가메노이-헤야)오 오네가이시마스.

(조용한 호텔 / 역에서 가까운 여관 / 교통이 편리한 여관)

(静かな ホテル / 駅から近い旅館 / 交通の便利な旅館)

(시즈까나 호테루 / 에끼까라 치까이 료깡 / 코-쯔-노 벤리나 료깡)

❼ 싱글, 트윈, 더블 어느 것으로 하시겠습니까?

シングルと、 ツインとダブル、 どれになさいますか。

싱구루또, 쯔인또, 다부루 도레니 나사이마스까.

❽ 싱글(트윈 / 더블)로 하겠습니다.

シングル(ツイン / ダブル)に します。

싱구루(쯔인 / 다부루)니 시마스.

❾ 하룻밤에 얼마입니까?

一泊 いくらですか。

입빠꾸 이꾸라데스까.

❿ 한 명에 8000엔(4000엔)입니다.

お一人 8000円(4000円)で ございます。

오히또리 핫셍엔(욘셍엔)데 고자이마스.

⓫ 아침식사도 제공됩니까?

朝食 つきですか。

쵸-쇼꾸 쯔끼데스까.

⓬ 네, 아침식사 제공됩니다.

はい、 朝食つきで ございます。

하이, 쵸-쇼꾸쯔끼데 고자이마스.

⑬ 좀 더 싼 방(여관 / 호텔)은 없습니까?

もっと 安い部屋(旅館 / ホテル)は ありませんか。

못또 야스이헤야(료깡 / 호테루)와 아리마셍까.

⑭ 서비스료와 세금이 포함되어 있습니까?

サ-ビス料と 税込みですか。

사-비스료-또 제-꼬미데스까.

⑮ 지금 예약하시겠습니까?

いま ご予約なさいますか。

이마 고요야꾸나사이마스까.

⑯ 네, 부탁합니다.

はい、 おねがいします。

하이, 오네가이시마스.

• 싱글룸	シングル(ルーム)	싱구루(루-무)
• 더블룸	ダブル(ルーム)	다부루(루-무)
• 트윈룸	ツイン(ルーム)	쯔인(루-무)
• 스위트룸	スイ-ト(ルーム)	스이-또(루-무)
• 프런트데스크	フロント(デスク)	후론또(데스쿠)
• 일박	一泊	입빠꾸
• 이박	二泊	니하꾸
• 삼박	三泊	삼빠꾸
• 다타미방	和室	와시쯔
• 침대방	洋室	요-시쯔
• 서비스료	サ-ビス料	사-비스료
• 세금 포함	税込み	제-꼬미
• 한 분	お一人様	오히또리사마
• 두 분	お二人様	오후따리사마
• 세 분	三名様	삼메-사마

2. 예약 확인 및 변경

❶ ~호텔입니까? 예약을 확인하고 싶습니다만.

　~ホテルですか。予約を　確認したいんですが。
　~호테루데스까. 요야꾸오 카꾸닌시따인데스가.

❷ ~일부터 ~일까지 예약한 ○○○입니다.

　~日から~日まで 予約した　○○○です。
　~니찌까라 ~니찌마데 요야꾸시따 ○○○데스.

❸ 확인해 볼테니 잠시 기다려주십시오.

　確認しますので、少々　お待ちください。
　카꾸닌시마스노데, 쇼―쇼― 오마찌쿠다사이.

❹ 손님 성함은 어떻게 되십니까?

　お客様の　お名前は。
　오캬꾸사마노 오나마에와.

❺ 전화로(여행사를 통해서 / 관광 안내소에서) 예약했습니다.

　電話で(旅行社を通じて / 観光案内所で) 予約しました。
　뎅와데 (료꼬―샤오 쯔―지떼 / 캉꼬―안나이쇼데)요야꾸시마시따.

❻ 예약되어 있습니다.

　予約されています(ご予約は承っております)。
　요야꾸사레떼 이마스(고요야꾸와 우께따마왓떼 오리마스).

❼ 죄송합니다만, 예약되지 않은 것 같습니다만.

　申し訳ございませんが、予約されていないようですが。
　모―시와께고자이마셍가, 요야꾸사레떼 이나이요―데스가.

⑧ 예약을 변경하고 싶습니다만.

予約を 変更したいんですが。
요야꾸오 헹꼬-시따인데스가.

⑨ 예약을 취소하고 싶습니다만.

予約を キャンセルしたいんですが。
요야꾸오 캰세루시따인데스가.

⑩ 하루 더 묵고 싶습니다만.

もう 1泊 したいんですが。
모- 입빠꾸 시따인데스가.

⑪ 예정보다 하루 빨리 출발하고 싶습니다만.

予定より 一日 早く 出発したいんですが。
요떼-요리 이찌니찌 하야꾸 슙빠쯔시따인데스가.

3. 예약하지 않았을 때

① 오늘 밤 묵고 싶습니다만, 방 있습니까?

今夜 泊まりたいんですが、お部屋 ありますか。
콩야 토마리따인데스가, 오헤야 아리마스까.

② 예약하지 않았습니다만, 빈 방 있습니까?

予約はしていないんですが、空き部屋は ありますか。
요야꾸와 시떼 이나인데스가, 아끼베야와 아리마스까.

③ 네, 있습니다. 어떤 방을 원하십니까?

はい、ございますが。どんな部屋が よろしいですか。
하이, 고자이마스가. 돈나 헤야가 요로시-데스까.

❹ 다타미방과 침대방이 있습니다만, 어느 쪽으로 하시겠습니까?

和室と洋室が ございますが、 どちらに なさいますか。

와시쯔또 요-시쯔가 고자이마스가, 도찌라니 나사이마스까.

❺ 예산은 얼마 정도입니까?

ご予算は いくらぐらいですか。

고요상와 이꾸라구라이데스까.

❻ 싸고 깨끗한 방을 부탁합니다.

安くて きれいな 部屋を おねがいします。

야스꾸떼 키레-나 헤야오 오네가이시마스.

❼ 욕실 딸린 싱글(트윈 / 더블)을 부탁합니다.

風呂つきのシングル(ツイン / ダブル)を おねがいします。

후로쯔끼노 싱구루(쯔인 / 다부루)오 오네가이시마스.

❽ 죄송합니다만, 공교롭게도 이미 꽉 찼습니다.

申し訳ございませんが、 あいにく もう 満室です。

모-시와께고자이마셍가 아이니꾸 모- 만시쯔데스.

❾ 다른 호텔(여관)을 소개해 주시겠습니까?

他のホテル(旅館)を 紹介して もらえますか。

호까노 호테루(료깡)오 쇼-까이시떼 모라에마스까.

서비스 요금과 팁

  호텔이나 레스토랑 등에서는 소비세와 별도로 10~15% 정도의 서비스 요금이 가산되는 경우가 있습니다.

  기본적으로 일본은 팁이 필요없습니다.

◀114
115▶

4. 체크인

❶ (아까 전화한) ○○○입니다만.

(さっき でんわした) ○○○ですが。
(삭끼 뎅와시따) ○○○데스가.

체크인 부탁합니다.

チェックイン お願いします。
첵꾸잉 오네가이시마스.

❷ 예약하셨습니까?

ご予約は なさいましたか。
고요야꾸와 나사이마시따까.

❸ 네, (서울에서) 예약했습니다.

はい、(ソウルで) 予約しました。
하이, (소우루데) 요야꾸시마시따.

(관광 안내소에서 / 여행사를 통해서 / 인터넷으로)

(観光案内所で / 旅行社を 通じて / インタ-ネットで)
(캉꼬-안나이쇼데 / 료꼬-샤오 쯔-지떼 / 인타-넷또데)

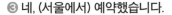

❹ 확인해 보겠으니 잠시 기다려 주십시오.

確認しますので 少々 お待ちください。
카꾸닌시마스노데 쇼-쇼- 오마찌쿠다사이.

❺ 예약되어 있습니다.

予約なさって います。
요야꾸나삿떼 이마스.

❻ 예정대로 머무시겠습니까?

予定通りの お泊まりですか。

요떼-도-리노 오토마리데스까.

❼ 여기에 성함과 여권 번호를 기입해 주십시오.

ここに お名前と パスポートナンバを ご記入ください。

코꼬니 오나마에또 파스뽀-또 남바오 고키뉴-쿠다사이.

❽ 이것은 방의 키입니다.

これは お部屋の 鍵でございます。

코레와 오헤야노 카기데고자이마스.

방은 3층 216호실입니다.

お部屋は 三階の 216号室でございます。

오헤야와 상까이노 니햐꾸쥬-로꾸고-시쯔데고자이마스.

❾ 체크아웃은 몇 시까지입니까?

チェックアウトは 何時までですか。

첵꾸아우또와 난지마데데스까.

❿ 12시까지 부탁합니다.

12時までに お願い致します。

쥬-니지마데니 오네가이이따시마스.

⓫ 가방(짐)은 몇 개입니까?

かばん(お荷物)は いくつになりますか。

카방(오니모쯔)와 이꾸쯔니 나리마스까.

⓬ (벨맨이) 방까지 안내해 드리겠습니다.

(ベルマンが) お部屋まで ご案内致します。

(베루망가) 오헤야마데 고안나이이따시마스.

⑬ 귀중품(짐)을 맡기고 싶습니다만.

貴重品(荷物)を 預けたいんですが。

키쬬 -힝(니모쯔)오 아즈께따인데스가.

⑭ 잘 알겠습니다. 잠시 기다려 주십시오.

かしこまりました。少々 お待ちください。

카시꼬마리마시따. 쇼-쇼- 오마찌쿠다사이.

5. 룸 서비스

❶ 358호실인데요, 룸 서비스를 부탁합니다.

358号室ですが、ルームサービスを おねがいします。

삼뱌꾸고쥬-하치고-시쯔데스가, 루-무사-비스오 오네가이시마스.

❷ ~호실인데요, 뜨거운 물을 부탁합니다.

～号室ですが、 お湯をおねがいします。

~고-시쯔데스가, 오유오 오네가이시마스.

❸ 와인 한 병과 케익을 부탁합니다.

ワイン 一本と ケーキを お願いします。

와인 입뽕또 케-끼오 오네가이시마스.

❹ 아침식사를 주문하고 싶은데요.

朝食を 注文したいんですが。

쵸-쇼꾸오 츄-몬시따인데스가.

❺ 주문은 무엇으로 하시겠습니까?

ご注文は 何になさいますか。

고츄-몽와 나니니 나사이마스까.

⑥ 크림스프와 빵(밥)을 부탁합니다.

クリームスープと パン（ごはん）を おねがいします。

쿠리-무스-뿌또 팡(고항)오 오네가이시마스.

❼ 여기에 서명(사인)을 부탁드립니다.

こちらに ご署名（サイン）を お願い致します。

코찌라니 고쇼메-(사잉)오 오네가이이따시마스.

⑧ (내일 아침 5시에) 모닝콜을 부탁합니다.

（明日の朝 5時に） モーニングコールを おねがいします。

(아시따노아사 고지니) 모-닝구코-루오 오네가이시마스.

⑨ 내일 아침 6시에 깨워주세요.

明日の 朝 6時に 起こして ください。

아시따노 아사 로꾸지니 오꼬시떼 쿠다사이.

⑩ 모닝콜을 취소하고 싶습니다만.

モーニングコールを キャンセルしたいんですが。

모-닝구코-루오 캰세루시따인데스가.

⑪ 시트를 갈아 주세요.

シートを かえて ください。

시-또오 카에떼 쿠다사이.

 알아두세요

유료 서비스 이용

룸 서비스와 같은 유료 서비스를 이용할 때는 방 호수를 확인하고 사인한 후 체크아웃할 때 정산합니다.

6. 서비스 이용하기

① 이 짐을 체크아웃할 때까지 보관해 주시겠습니까?

この荷物を チェックアウトまで 預かってもらえますか。

코노 니모쯔오 첵꾸아우또마데 아즈깟떼 모라에마스까.

② 맡긴 귀중품을 찾고 싶습니다만.

預けた 貴重品を 受け取りたいんですが。

아즈께따 키쬬-힝오 우께또리따인데스가.

③ 문이 잠겨서 들어갈 수 없습니다만.

ドアが しまっていて 部屋に 入れませんが。

도아가 시맛떼 이떼 헤야니 하이레마셍가.

④ 방에 키를 두고 나왔습니다만.

部屋に ルームキーを 置き忘れて しまいました。

헤야니 루-무키-오 오끼와스레떼 시마이마시따.

⑤ 이 가방(편지)을 부치고 싶습니다.

このかばん(手紙)を 送りたいんですが。

코노카방(테가미)오 오꾸리따인데스가.

⑥ 제 앞으로 온 편지(메시지)는 없습니까?

わたしあての 手紙(メッセージ)は ありませんか。

와따시아떼노 테가미(멧세-지)와 아리마셍까.

⑦ 팩스를 이용할 수 있습니까?

ファックスが 利用できますか。

후아꾸스가 리요-데끼마스까.

⑧ 온수가 안 나옵니다.

お湯が 出ません。

오유가 데마셍.

⑨ 방 키를 잃어버렸습니다.

ル-ムキ-を なくして しまいました。

루-무키-오 나꾸시떼 시마이마시따.

⑩ 클리닝 서비스(세탁 서비스)를 부탁합니다.

クリ-ニングサ-ビスを おねがいします。

쿠리-닝구싸-비스오 오네가이시마스.

⑪ 빨래방은 없습니까?

コインランドリ-は ありませんか。

코인란도리-와 아리마셍까.

⑫ 인터넷을 사용할 수 있습니까?

インタネットが 使えますか。

인타넷또가 쯔까에마스까.

⑬ 무료로 이용할 수 있습니까?

無料で 利用できますか。

무료-데 리요-데끼마스까.

⑭ 헬스클럽을 예약하고 싶습니다만.

フィットネスクラブを 予約したいんですが。

후잇또네스쿠라브오 요야꾸시따인데스가.

⑮ (항공권을 보여주면서)비행기 예약 재확인을 부탁합니다.

飛行機の予約の再確認(リコンファ-ム)を おねがいします。

히꼬-끼노 요야꾸노 사이카꾸닝(리꼰후아무)오 오네가이시마스.

7. 체크 아웃

❶ 체크아웃하고 싶습니다만, 계산을 부탁합니다.

チェックアウトしたいんですが、お勘定 おねがいします。

첵꾸아우또시타인데스가, 오칸죠－ 오네가이시마스.

❷ 룸 키를 주십시오.

ルームキーを お願いします。

루－무 키－오 오네가이시마스.

❸ 지불은 어떻게 하시겠습니까?

お支払いは どのように なさいますか。

오시하라이와 도노요－니 나사이마스까.

❹ (신용카드)로 지불해도 됩니까?

(クレジットカード)で はらっても いいですか。

(쿠레짓또카－도)데 하랏떼모 이－데스까.

(여행자 수표 / 현금)

(トラベラーズチェック / 現金)

(토라베라즈－첵꾸 / 겡낑)

❺ 현금(신용카드)으로 지불하겠습니다.

現金(クレジットカード)で はらいます。

겡낑(쿠레짓또카－도)데 하라이마스.

❻ 감사합니다. 이것은 영수증입니다.

ありがとうございます。これは 領収書(レシート)です。

아리가또－고자이마스. 고레와 료－슈－쇼(레시－또)데스.

❼ 계산이 틀립니다.

お勘定が 間違っています。

오칸죠-가 마찌갓떼이마스.

❽ 이 요금은 무엇입니까?

この料金は 何ですか。

코노 료-킹와 난데스까.

❾ 냉장고 음료수(룸 서비스)를 이용하신 것입니다.

冷蔵庫の飲み物(ル-ムサ-ビス)を 利用なさった ものです。

레-조-꼬노 노미모노오(루-무사-비스) 리요- 나삿따 모노데스.

❿ 룸 서비스를 이용한 기억이 없습니다만.

ル-ムサ-ビスを 利用した 覚えは ありませんが。

루-무사-비스오 리요-시따 오보에와 아리마셍가.

⓫ 짐(가방)을 맡아 주시겠습니까?

荷物(かばん)を 預かってもらいますか。

니모쯔(카방)오 아즈깟떼 모라이마스까.

• 로비	ロビ-	로비-
• 라운지	ラウンジ	라운지
• 레스토랑	レストラン	레스또랑
• 카페테리아	カフェテリア	카훼테리아
• 찻집	喫茶店	킷사뗑
• 사우나	サウナ	사우나
• 에스테살롱	エステサロン	에스떼사롱
• 아로마맛사지	アロママッサ-ジ	아로마맛사-지
• 바	バ-	바-
• 풀장	プ-ル	푸-루

8. 여관에서

❶ 식사는 몇 시부터입니까?

食事は 何時からですか。
쇼꾸지와 난지까라데스까.

❷ 식사는 방에서 합니까?

食事は お部屋で 食べますか。
쇼꾸지와 오헤야데 타베마스까.

❸ 목욕탕은 몇 시까지입니까?

お風呂は 何時までですか。
오후로와 난지마데데스까.

❹ 온천은 몇 시부터 이용 가능합니까?

温泉は 何時から 利用できますか。
온셍와 난지까라 리요─데끼마스까.

❹ 노천탕이 있습니까?

露天風呂は ありますか。
로뗌부로와 아리마스까.

❺ 혼욕입니까?

混浴ですか。
콘요꾸데스까.

❻ 유카타 입는 법을 가르쳐 주세요..

浴衣の 着方を 教えて ください。
유까따노 키까따오 오시에떼 쿠다사이.

❼ 지금 목욕해도 됩니까?

いま お風呂に 入っても いいですか。

이마 오후로니 하잇떼모 이-데스까.

❽ 유카타는 언제 입습니까?

浴衣は いつ 着ますか。

유까따와 이쯔 키마스까.

• 여관	旅館	료깡
• 온천	温泉	온셍
• 노천탕	露天風呂	로뗌부로
• 요리	料理	료-리
• 정식	定食	테-쇼꾸
• 유카타(여관에서입는 옷)	浴衣	유까따
• 단젠(겨울에 유카타 위에 입는 방한 실내복)	丹前	탄젱
• 와시쯔(다타미가 깔린 일본식 방)	和室	와시쯔
• 이불	布団	후똥
• 방석	座布団	자부똥
• 고타츠(일본식 난방기구)	こたつ	코따쯔
• 여관 여주인	おかみさん	오까미상

 알아두세요

여관 실내에서

　실내에 들어갈 때는 신발을 신발 앞쪽이 현관 방향으로 향하도록 가
지런히 놓고 들어가며, 다타미방 이외에서는 실내화를 신습니다. 실내
에서는 유카타를 입고 다녀도 됩니다.

9. 유스호스텔에서

❶ 예약하셨습니까?

予約は なさって いますか。

요야꾸와 나삿떼 이마스까.

❷ 네, 예약했습니다.

はい、予約しました。

하이, 요야꾸시마시따.

❸ 회원증을 보여 주십시오.

会員証を 見せて いただけますか(お見せください)。

카이인쇼-오 미세떼 이따다께마스까(오미세쿠다사이).

❹ 회원증은 없습니다만.

会員証は もって いませんが。

카이인쇼-와 못떼 이마셍가.

❺ 회원이 아니면 1박 4000엔이 되겠습니다.

会員じゃ ないと 1泊 4000円に なります。

카이인쟈 나이또 입빠구 욘셍엔니 나리마스.

❻ 빨래방은 있습니까?

コインランドリ-は ありますか。

코인란도리-와 아리마스까.

❼ 부엌이 딸려 있습니까?

キッチンは ついて いますか。

킷찡와 쓰이떼 이마스까.

⑧ 다타미방입니까, 침대방입니까?

和室ですか、洋室ですか。
와시쯔데스까, 요-시쯔데스까.

⑨ 식사는 제공됩니까?

食事は ついて いますか。
쇼꾸지와 쯔이떼 이마스까.

⑩ 폐문은 몇 시입니까?

門限は 何時ですか。
몽겡와 난지데스까.

⑪ 식당(목욕탕)은 어디입니까?

食堂(お風呂)は どこですか。
쇼꾸도-(오후로)와 도꼬데스까.

⑫ 지금 목욕탕을 이용해도 됩니까?

今 お風呂を 使ってもいいですか。
이마 오후로오 쯔깟떼모 이-데스까.

⑬ 체크인은 몇 시까지입니까?

チェックインは 何時までですか。
첵꾸잉와 난지마데데스까.

여행 일본어

한 권으로

끝내자

여행 일본어 한 권으로 끝내자

6. 관 광

관 광

1. 여행자 안내 센터(Tourist Information Centers : TIC) : 적색 물음표(?) 마크로 표시

일본국제관광진흥회(JNTO)에서 운영하고 있는 여행정보센터(TIC)에서는 외국인 관광객에게 다양한 여행 정보 안내와 각종 팜플릿 및 지도 등 필요한 정보와 도움을 제공하고 있으며, 전화 문의에 대한 서비스도 하고 있습니다. 일요일과 국경일은 쉽니다.

- o 도쿄(東京) 03)3201-3331
  (평일 09 : 00 ~ 17 : 00, 토요일은 9 : 00 ~ 12 : 00)
- o 교토(京都) 075)371-5649
  (평일 09 : 00 ~ 17 : 00, 토요일은 9 : 00 ~ 12 : 00)
- o 나리타(여객터미널 1) (0476)30-3383
  (연중 무휴 9 : 00 ~ 20 : 00)
- o 나리타(여객터미널 2) (0476)34-6251
  (연중 무휴 9 : 00 ~ 20 : 00)
- o 간사이(간사이국제공항) (0724)56-6025
  (연중 무휴 9 : 00 ~ 21 : 00)

2. 관광 안내소

전국에 설치되어 있는 여행자를 위한 관광 안내소를 이용하면 편리합니다. 그 지역에 관한 다양한 자료와 정보를 제공하고

있으며, 주요 역이나 도시 중심부에 있습니다. 적색 물음표(?) 마크가 있어 쉽게 알아볼 수 있습니다.

알아두세요

가정 방문 제도

일본 가정을 방문해 일상생활을 직접 체험해 볼 수 있는 제도로 영어나 일본어로 의사 소통이 가능합니다.

보통 저녁식사 이후 2~3시간 동안 방문하여 교제하며, 보통 2일 전, 적어도 24시간 전에 신청해야 합니다.

무료지만 방문시 작은 선물을 준비하면 좋습니다.

ㅇ 문의처 : 도쿄 여행정보센터. 03)3201-3331
　　　　　 나리타 관광안내센터. 0476)34-6251
　　　　　 오사카 관광안내센터. 06)6345-2189
　　　　　 후쿠오카 관광안내센터. 092)733-2220

3. 시내 투어 관광

주요 관광지에는 관광버스 회사에서 마련한 다양한 코스에 가이드(일본어)가 안내해 주는 버스 여행을 즐길 수 있습니다. 점심 식사 포함 일일 관광, 시내 명소를 도는 오전 / 오후 반나절 관광, 밤 투어, 식사와 게이샤(기생)쇼, 나이트 클럽 등에 들리는 호화판 버스 관광도 있습니다.

도쿄의 대표적인 동경 정기 관광 버스인 하토 버스(はとバ ス)는 도쿄역, 신쥬쿠역, 하마마츠쵸역(浜松町駅) 등에서 이용 가능하며, 하루 코스, 반나절 코스, 밤 코스가 있어 동경시내 명소를 짧은 시간에 둘러볼 수 있습니다.

외국인을 위한 영어 투어가 있고, 한국인 관광객을 위해 테 이프를 이용한 한국어 안내 방송을 하기도 합니다.

도쿄 하토 버스

4. 웰컴카드(컬쳐카드)

　　외국인 여행자 전용 할인 카드로 숙박시설, 식사, 쇼핑, 오락시설 등 이용시 할인됩니다. 현재, 아오모리(青森)현, 가가와(香川)현, 나리타(成田)시, 기타큐슈(北九州)시, 도쿄토(東京都), 후쿠오카(福岡)시, 세토나이카이(瀬戸内海), 도카이(東海)지방에서 이용이 가능합니다. 카드는 여행자 안내 센터(TIC)와 각 지역의 안내 센터에서 웰컴카드 안내책자를 무료로 받아 그 책자 안에 있는 카드를 이용하는 것입니다.

알아두세요

텔레투어리스트 서비스(Teletourist Service)

　텔레투어리스트 서비스는 도쿄와 그 주변 정보를 녹음으로 알려주는 무료 전화 서비스로 녹음은 영어로 되어 있습니다.

Tel. 동경지역 영어 안내 03)3201-2911

6. 관광

1. 관광 안내소

❶ ~에 가고 싶습니다만, 지도를 얻을 수 있겠습니까?

~へ 行きたいんですが、地図が もらえますか。

~에 이끼따인데스가, 찌즈가 모라에마스까.

❷ 교통 노선도를 주시겠습니까?

交通路線図が もらえますか。

코-쯔-로센즈가 모라에마스까.

❸ ~의 구경할 만한 곳을 소개해 주시겠습니까?

~の見どころを 紹介して もらえますか。

~노 미도꼬로오 쇼-까이시떼 모라에마스까.

❹ ~의 구경할 만한 곳은 어디입니까?

~の みどころは どこですか。

~노 미도꼬로와 도꼬데스까.

❺ (한국어) 관광 안내책을 주시겠습니까?

(韓国語の) 観光案内の本が もらえますか。

(캉꼬꾸고노) 캉꼬-안나이노 홍가 모라에마스까.

❻ 이 도시의 관광 명소는 어디입니까?

この町の 観光の 名所は どこですか。

코노마찌노 캉꼬-노 메-쇼와 도꼬데스까.

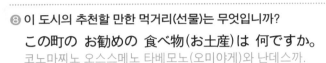

❼ 이 도시의 추천할 만한 곳은 어디입니까?

このまちの おすすめのところは どこですか。

코노마찌노 오스스메노 토꼬로와 도꼬데스까.

❽ 이 도시의 추천할 만한 먹거리(선물)는 무엇입니까?

この町の お勧めの 食べ物(お土産)は 何ですか。

코노마찌노 오스스메노 타베모노(오미야게)와 난데스까.

❾ ○○박물관(미술관 / 공원)은 몇 시부터입니까?

○○博物館〔美術館 / 公園〕は 何時からですか。

○○하꾸부쯔깡(비쥬쯔깡 / 코-엥)와 난지까라데스까.

❿ 여기서 멉니까? (가깝습니까?)

ここから とおい(ちかい)ですか。

코꼬까라 토-이(치까이)데스까.

⓫ (걸어서) 어느 정도 걸립니까?

(歩いて) どのくらい かかりますか。

(아루이떼) 도노쿠라이 카까리마스까.

(버스로 / 전철로 / 지하철로)

(バスで / 電車で / 地下鉄で)

(바스데 / 덴샤데 / 치까테쯔데)

⓬ 당일치기 관광투어는 있습니까?

日帰りの 観光ツアーは ありますか。

히가에리노 캉꼬-쯔아-와 아리마스까.

⓭ 여기서 예약할 수 있습니까?

ここで 予約できますか。

코꼬데 요야꾸데끼마스까.

⑭ 요금(입장료)은 얼마입니까?

料金(入場料)は いくらですか。
로-낑(뉴-죠-료-)와 이꾸라데스까.

⑮ 여기서 표를 살 수 있습니까?

ここで きっぷが 買えますか。
코꼬데 킵뿌가 카에마스까.

⑯ 시내 관광버스는 있습니까?

市内観光バスは ありますか。
시나이캉꼬-바스와 아리마스까.

⑰ 시내를 한눈에 내려다볼 수 있는 곳이 있습니까?

市内が 一目で 見渡せる ところは ありますか。
시나이가 히또메데 미와따세루 토꼬로와 아리마스까.

⑱ 유명한 먹거리는 무엇입니까?(무엇이 있습니까?)

有名な 食べ物は 何ですか(何が ありますか)。
유-메-나 타베모노와 난데스까. (나니가 아리마스까.)

2. 길 묻기

❶ 잠시 실례하겠습니다.

ちょっと すみません。
춋또 스미마셍.

❷ 잠시 여쭙겠습니다만.

ちょっと おうかがいしますが。
춋또 오우까가이시마스가.

❸ 관광 안내소는 어디입니까? / 어디에 있습니까?

観光案内所は どこですか。 / どこにありますか。

캉꼬-안나이쇼와 도꼬데스까. / 도꼬니 아리마스까.

---

❹ ~은 어디입니까?

~は どちら(どこ)ですか。

~와 도찌라(도꼬)데스까.

---

❺ ~에 가고 싶습니다만, 어떻게 가면 좋을까요?

~へ 行きたいんですが、 どう いけば いいでしょうか。

~에 이끼따인데스가, 도- 이께바 이-데쇼-까.

---

❻ (여기에서) 멉니까? / 가깝습니까?

(ここから)遠いですか。 / 近いですか。

(코꼬까라) 토-이데스까. / 치까이데스까.

---

❼ 그다지 멀지(가깝지) 않습니다.

あまり 遠く(近く)ありません。

아마리 토-꾸 (치까꾸) 아리마셍.

---

❽ 지하철(버스 / 전철 / 택시)을 타는 것이 좋을 겁니다.

地下鉄〔バス / 電車 / タクシー〕に乗った方がいいと思います。

치까테쯔(바스 / 덴샤 / 타꾸시-)니 놋따 호-가 이-또 오모이마스.

---

❾ 이 근처에 (백화점)은 있습니까?

この辺に(デパート)は ありますか。

코노헨니 (데빠-또)와 아리마스까.

(우체국 / 병원 / 역 / 버스정류장 / 택시승차장 / 화장실 / 파출소)

(郵便局 / 病院 / 駅 / バス乗り場 / タクシー乗り場 / トイレ / 交番)

(유-빙꾜꾸 / 뵤-잉 / 에끼 / 바스노리바 / 타꾸시-노리바 / 토이레 / 코-방)

⑩ 곧장 가서 2번째 신호에서 왼쪽(오른쪽)으로 돌아주십시오.

まっすぐ いって 二番目の信号で 左(右)に 曲がってください。

맛스구 잇떼 니밤메노 싱고-데 히다리(미기)니 마갓떼 쿠다사이.

⑪ 거기까지 걸어갈 수 있습니까?

そこまで 歩いて 行けますか。

소꼬마데 아루이떼 이께마스까.

⑫ 버스(지하철 / 전철)로 몇 번째입니까?

バス(地下鉄 / 電車)で 何番目ですか。

바스(치까테쯔 / 덴샤)데 남밤메데스까.

⑬ ~(호텔)은 여기에서 멉니까(가깝습니까)?

~(ホテル)は ここから 遠いですか(近いですか)。

~(호테루)와 코꼬까라 토-이데스까(치까이데스까).

(병원 / 파출소 / 은행 / 공원)

(病院 / 交番 / 銀行 / 公園)

(뵤-잉 / 코-방 / 깅꼬- / 코-엥)

⑭ 길을 잃었습니다만, 여기는 어디입니까?

道に 迷って いますが、 ここは どこですか。

미찌니 마욧떼 이마스가, 코꼬와 도꼬데스까.

3. 관광하기

❶ 동경타워(키요미즈테라 / 킨카꾸지 / 카부키자)는 어디입니까?

東京タワー(清水寺 / 金閣寺 / 歌舞伎座)は どこですか。

토-꾜-타와-(키요미즈데라 / 킹까꾸지 / 카부끼자)와 도꼬데스까.

❷ 입장료는 얼마입니까?

入場料は いくらですか。

뉴-죠-료-와 이꾸라데스까.

❸ 할인됩니까?

割引できますか。

와리비끼데끼마스까.

❹ 어른 1장(2장 / 3장) 주십시오.

大人 一枚(二枚 / 三枚)ください。

오또나 이찌마이(니마이 / 삼마이) 쿠다사이.

❺ ~를 하루에 돌려면 어떻게 하면 됩니까?

~を 一日に 回るには どう すれば いいですか。

~오 이찌니찌니 마와루니와 도- 스레바 이-데스까.

❻ 하토버스(관광버스)를 타는 것이 좋겠죠.

はとバス(観光バス)に 乗ったほうが いいでしょう。

하또바스(캉꼬-바스)니 놋따호-가 이-데쇼-.

❼ 코인 락카는 있습니까?

コインロッカーは ありますか。

코잉록까-와 아리마스까.

❽ 몇 시부터 입장할 수 있습니까?

何時から 入場できますか。

난지까라 뉴－죠－데끼마스까.

❾ (한국어 / 영어) 팜플릿은 있습니까?

(韓国語の / 英語の)パンフレットは ありますか。

(캉꼬꾸고노 / 에－고노) 팡후렛또와 아리마스까.

❿ 시내에 볼 만한 곳은 어디입니까?

市内の 見所は どこですか。

시나이노 미도꼬로와 도꼬데스까.

⓫ 선물(그림엽서)은 (어디서) 팔고 있습니까?

お土産(絵葉書)は (どこで) 売って いますか。

오미야게(에하가끼)와 (도꼬데) 웃떼 이마스까.

⓬ ~은 무엇으로 유명합니까?

~は 何で 有名ですか。

~와 난데 유－메－데스까.

⓭ ~에서는 무엇이 볼 만한 것입니까?

~では 何が 見物ですか。

~데와 나니가 미모노데스까.

⓮ 그 밖에 무엇이 유명합니까?

そのほかに 何が 有名ですか。

소노호까니 나니가 유－메－데스까.

⓯ 뭘 먹을 곳은 있습니까?

何か 食べられる 所は ありますか。

나니까 타베라레루 토꼬로와 아리마스까.

⑯ 여기에 들어가도 됩니까?

ここに 入っても いいですか。
코꼬니 하잇떼모 이–데스까.

⑰ 쇼핑은 어디에서 할 수 있습니까?

買い物は どこで できますか。
카이모노와 도꼬데 데끼마스까.

관련용어

• 동경타워	東京タワ–	토–꾜–타와–
• 금각사	金閣寺	킹까꾸지
• 가부키극장	歌舞伎座	카부끼자
• 전망대	展望台	템보–다이
• 휴게소	休憩所	큐–께–죠
• 주차장	駐車場	츄–샤죠–
• 박물관	博物館	하꾸부쯔깡
• 미술관	美術館	비쥬쯔깡
• 식물원	植物園	쇼꾸부쯔엥
• 동물원	動物園	도–부쯔엥
• 수족관	水族館	스이조꾸깡
• 공원	公園	코–엥
• 유적	遺跡	이세끼
• 명소	名所	메–쇼
• 성	城	시로
• 토리이(신사 입구에 세워진 신성한 곳임을 알리는 기둥 같은 것)		
	鳥居	토리이
• 절	お寺	오테라

4. 사진찍기

❶ (여기서) 사진을 찍어도 됩니까?

(ここで) 写真を とっても いいですか。
(코꼬데) 샤싱오 톳떼모 이-데스까.

❷ (실례합니다만), 사진을 찍어 주시겠습니까?

(失礼ですが)、 写真を とって もらえますか。
(시쯔레-데스가), 샤싱오 톳떼 모라에마스까.

❸ (버튼을) 누르기만 하면 됩니다.

(ボタンを) 押すだけで いいです。
(보땅오) 오스다께데 이-데스.

❹ 저곳을 배경으로 찍어 주세요.

あそこを 背景に して とって ください。
아소꼬오 하이께-니 시떼 톳떼 쿠다사이.

❺ 함께 찍어도 됩니까?

一緒に とっても いいですか。
잇쇼니 톳떼모 이-데스까.

❻ 당신의 사진을 찍어도 되겠습니까?

あなたの 写真を とっても いいですか。
아나다노 샤싱오 톳떼모 이-데스까.

❼ 다시 한 번(한 장) 부탁합니다.

もう 一度(一枚) お願いします。
모- 이찌도(이찌마이) 오네가이시마스.

❽ 사진을 보내드리겠습니다.

写真を お送りします。

샤싱오 오오꾸리시마스.

---

❾ 괜찮으시다면 주소와 메일주소를 가르쳐 주세요.

よろしかったら ご住所と メール住所を 教えて ください。

요로시깟따라 고쥬–쇼또 메–루쥬–쇼오 오시에떼 쿠다사이.

---

❿ 메일로 보내드리겠습니다.

メールで お送りします。

메–루데 오오꾸리시마스.

⓫ 필름은 어디에서 살 수 있습니까?

フィルムは どこで 買えますか。

휘루무와 도꼬데 카에마스까.

• 카메라	カメラ	카메라
• 필름	フィルム	휘루무
• 디지털카메라	デジタルカメラ (줄여서 데지카메 デジカメ)	데지타루카메라

5. 투어 관광

① 시내 관광버스가 있습니까?

市内観光バスが ありますか。

시나이캉꼬-바스가 아리마스까.

② 투어 팜플렛을 주시겠습니까?

ツアーの パンフレットが もらえますか。

쯔아-노 팡후렛또가 모라에마스까.

③ 당일치기부터 1박 2일, 2박 3일 투어 등 여러 가지 있습니다.

日帰りのものから1泊二日、二泊三日のツアーなどいろいろ あります。

히가에리노모노까라 입빠꾸후쯔까, 니하꾸밋까노쯔아-나도 이로이로 아리마스.

④ 1일(반나절 / 밤 /동 경타워를 도는) 코스는 있습니까?

一日(半日 / 夜の / 東京タワーを回る)コースは ありますか。

이찌니찌(한니찌 / 요루노 / 토-꾜-타와-오 마와루)코-스와 아리마스까.

⑤ 1일(반나절 / 밤 / 동경타워를 도는) 코스는 얼마입니까?

一日(半日/夜の/東京タワーを回る)コースは いくらですか。

이찌니찌(한니찌 / 요루노 / 토-꾜-타와-오 마와루)코-스와 이꾸라데스까.

⑥ 하토버스는 어디서 탑니까?

はとバスは どこで 乗りますか。

하또바스와 도꼬데 노리마스까.

⑦ 중식(석식)은 제공됩니까?

昼食(夕食)は ついて いますか。

쥬-쇼꾸(유-쇼꾸)와 쯔이떼 이마스까.

❽ 자유시간은 있습니까?

自由時間は ありますか。

지유−지깡와 아리마스까.

❾ 투어(관광 / 구경)는 어느 정도(시간이) 걸립니까?

ツアー(観光 / 見物)は どのくらい(の時間が)かかりますか。

쯔아−(캉꼬− / 켐부쯔)와 도노쿠라이(노지깡가) 카까리마스까.

❿ 4시간(6시간 / 8시간) 예정입니다.

四時間(六時間 / 八時間)の 予定です。

요지깐(로꾸지깐 / 하찌지깐)노 요떼−데스.

• 팜플릿	パンフレット	팡후렛또
• 투어	ツアー	쯔아−
• 당일치기	一日帰り	히가에리
• 1일 코스	一日コース	이찌니찌코−스
• 반나절 코스	半日コース	한니찌코−스
• 밤 코스	夜のコース	요루노코−스
• 외국인을 위한 코스	外国人向けコース	가이꼬꾸진무께코−스
• 1박 2일	一泊二日	입빠꾸후쯔까
• 2박 3일	二泊三日	니하꾸믹까
• 3박 4일	三泊四日	삼빠꾸욕까
• 아침 식사	朝食	쵸−쇼꾸
• 점심 식사	昼食	츄−쇼꾸
• 저녁 식사	夕食	유−쇼꾸
• 1시간	一時間	이찌지깡
• 2시간	二時間	니지깡
• 3시간	三時間	산지깡
• 4시간	四時間	요지깡

6. 온천

① 예약(취소)하고 싶습니다만.

予約(キャンセル)したいんですが。
요야꾸(칸세루)시따인데스가.

② 노천탕(가족탕 / 거품탕)은 있습니까?

露天風呂(家族湯 / 泡風呂)は ありますか。
로뗌부로(카조꾸유 / 아와부로)와 아리마스까.

③ 예, 있습니다. / 아니오, 공교롭게도 없습니다.

はい、あります。/ いいえ、あいにく ありません。
하이, 아리마스. / 이-에, 아이니꾸 아리마셍.

④ 여성(남성) 전용 노천탕은 어디입니까?

女性(男性)専用の 露天風呂は どちら(どこ)ですか。
죠세-(단세-)셍요-노 로뗌부로와 도찌라(도꼬)데스까.

⑤ 수영복이 필요합니까? / 수영복을 입습니까?

水着は 必要ですか。/ 水着を 着ますか。
미즈기와 히쯔요-데스까. / 미즈기오 기마스까.

⑥ 온천 달걀은 얼마입니까?

温泉卵は いくらですか。
온센타마고와 이꾸라데스까.

⑦ 입욕시간은 어떻게 되어 있습니까?

入浴時間は どうなって いますか。
뉴-요꾸지깡와 도-낫떼 이마스까.

❽ (1박 2식에) 얼마입니까?

(1泊二食に) いくらですか。
(입빠꾸니쇼꾸니) 이꾸라데스까.

❾ (1박 2식에) 8,000엔입니다.

(1泊二食に) 8,000円です。
(입빠꾸니쇼꾸니) 핫셍엔데스.

❿ 이 온천의 성분은 무엇입니까?

この温泉の 成分は なんですか。
코노온센노 세－붕와 난데스까.

⓫ 유황(철 / 탄산가스)입니다.

硫黄(鉄 / 炭酸ガス)です。
이오－(테쯔 / 탄상가스)데스.

⓬ 이 온천은 어떤 병에 효능이 있습니까?

この温泉は どんな 病気に 効きますか。
코노온셍와 돈나 뵤－끼니 키끼마스까.

⓭ (피부병)에 효능이 있습니다.

(皮膚病)に 効きます。
(히후뵤－)니 키끼마스.

(디스크 / 요통 / 피부 미용 / 전신 피로 / 전염병)

(ディスク / 腰痛 / 皮膚美容 / 全身疲勞 / 伝染病)
(디스꾸 / 요－쯔－ / 히후비요－ / 젠싱히로－ / 덴셈뵤－)

⓮ 온천 사용법을 가르쳐 주세요.

温泉の 使い方を 教えて ください。
온센노 쯔까이까따오 오시에떼 쿠다사이.

⑮ 소지품과 갈아입을 옷은 어디에 둡니까?

持ち物と 着替え物は どこに 置きますか。

모찌모노또 키가에모노와 도꼬니 오끼마스까.

---

⑯ 락커에 넣어주세요.

ロッカ-に いれて ください。

록까-니 이레떼 쿠다사이.

---

⑰ (온천에서) 수영복을 입습니까?

(温泉で) 水着を きますか。

(온센데) 미즈기오 키마스까.

---

⑱ 수영복도 빌려 줍니까?

水着も 貸して もらえますか。

미즈기모 카시떼 모라에마스까.

---

⑲ 네, 200엔입니다.

はい、200円に なります(200円です)。

하이, 니햐꾸엔니 나리마스 (니햐꾸엔데스).

 알아두세요

유카타에 대하여

유카타(浴衣)는 목욕 후에 입던 옷을 말하며, 지금은 실내복이나 마츠리, 불꽃놀이 구경 갈 때의 간편한 외출복으로 입습니다. 일본의 호텔, 료칸 등 숙박시설에는 거의 유카타가 갖추어져 있으며, 온천지 숙박시설에서는 유카타를 입고 거리를 활보하는 사람들도 많이 볼 수 있습니다. 그러나 시내 호텔에서는 룸에서만 입고 복도나 로비에는 나가지 않는 것이 예의입니다.

• 온천	温泉	온셍
• 노천탕	露天風呂	로뗌부로
• 가족탕	家族風呂	카조꾸부로
• 여탕	女湯	온나유
• 남탕	男湯	오또꼬유
• 거품탕	泡風呂	아와부로
• 목욕탕	お風呂	오후로
• 연회장	宴会場	엥까이죠
• 정식	定食	테-쇼꾸
• 유카타	浴衣	유까따
• 유황	硫黄	이오-
• 철	鉄	테쯔
• 탄산가스	炭酸ガス	탄상가스
• 피부병	皮膚病	히후뵤-
• 디스크	ディスク	디스꾸
• 요통	腰痛	요-쯔-
• 피부 미용	皮膚美容	히후비요-
• 전신 피로	全身疲労	젠싱히로
• 전염병	伝染病	덴셈뵤-
• 온천수로 삶은 달걀	温泉卵	온센타마고

여행 일본어
한 권으로
끝내자

여행 일본어 한 권으로 끝내자

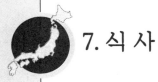

7. 식 사

음식점

　부담 없이 저렴하게 식사를 하려면 역 주변이나 학교 구내식당 및 콤비니(편의점), 도시락 전문점 등을 이용하는 것이 좋습니다. 일본의 음식점 앞에는 모형 음식이 전시되어 있으며, 음식의 이름, 가격이 표시되어 있어 편리합니다. 대부분의 식당이나 레스토랑에서는 점심 때 히가와리런치(日替りランチ, 매일 메뉴가 다른 런치)나 서비스 테-쇼쿠(サービス 定食)가 준비되어 있어서 비교적 값도 저렴하고 맛도 좋아 잘 모를 때는 이런 것을 먹으면 됩니다.

　여행의 묘미는 관광을 비롯한 현지 음식을 먹어보는 것 또한 뺄 수 없을 것입니다. 현지에서만 먹을 수 있는 것이라면 꼭 맛보는 것이 좋겠지요. 입에 맞지 않거나 한국 음식이 그리울 때를 대비해서 간단한 밑반찬이나 컵라면을 준비해 간다면 그다지 어려움이 없을 것입니다.

입에 맞지 않거나 한국 음식이 그리울 때를 대비해서
간단한 밑반찬이나 컵라면을 준비해 가면 좋습니다.

1. 킷사텡(喫茶店, 찻집)

　　주로 주택가나 역 주변에 자리한 커피숍과 레스토랑의 중간
형태의 일반 음식점으로 커피나 홍차 등의 음료 이외에 가벼운

식사도 가능합니다. 식사 메뉴로
는 샌드위치, 스파게티, 피라후
(ピラフ : 볶음밥) 등이 있으며,
오전에는 모닝 세트가 제공되어
싸게 먹을 수 있습니다.

2. 焼き肉屋(야키니쿠야)

　　불고기 집으로 주로 교포들
이 운영하는 경우가 많으며, 북
어국, 육개장, 미역국, 족발 등
도 먹을 수 있는 한국 음식점입
니다.

3. 화-스토후-도(ファーストフード, 패스트푸드점)

　모스버거, 마쿠도나루도(맥도
널드) 등 많은 패스트푸드점이
있으며, 보통 세트메뉴를 400엔~
600엔 정도면 먹을 수 있습니다.
가격 파괴를 정기적으로 하는 곳
도 있습니다.

4. 패밀리 레스토랑

　전국에 있는 패밀리 레스토랑에서는 일식에서 양식까지 다양
한 식사를 할 수 있습니다. 데니즈(デニーズ), 스카이락(スカイ
ラーク), 로얄호스트(ロイヤルホスト) 등의 대표적인 패밀리
레스토랑이 있으며, 대개 11 : 00~14 : 00까지 매일 메뉴가 바
뀌는 히가와리런치(日替りランチ)에 음료수가 포함되어 750엔

정도입니다. 기본 메뉴 이
외에 샐러드바, 드링크바
를 두어 쾌적한 분위기에
서 식사를 할 수 있는 곳
도 있습니다.

5. 야타이(屋台, 포장마차)

주로 라면, 오뎅 등을 먹을 수 있는 포장마차를 말합니다.

6. 도시락 전문점

도시락은 일본에서는 가장 대중적인 식생활 중의 하나입니다. 도시락 전문점이 곳곳에 있으며, 메뉴 또한 다양합니다. 가격도 350~1,200엔까지 천차만별입니다.

7. 콤비니(コンビニ, 편의점)

편의점에서는 다양한 식품을 접할 수 있습니다. 도시락 전문
점보다 맛은 덜 하지만 저렴한 가
격대의 도시락과 삼각김밥, 면류,
빵 등을 손쉽게 구입, 가벼운 식사
를 대신할 수 있습니다.

8. 카이뗑즈시(回転寿司, 회전 초밥집)

빙글빙글 돌아가는 회전 테이블 위에 초밥이 담긴 접시가 놓
여 있어 자기 입맛에 따라 골라먹는 재미가 있습니다. 재료에
따라 접시당 120~240엔 정도. 보통 한 접시에 초밥 두 개가
놓여 있어 1,000엔 정도면 적당한 양의 한 끼 식사를 할 수 있
습니다.

한국인과 일본인의 식사법 차이

1. 왼손엔 밥공기를, 오른손에는 젓가락을 들고 먹는 젓가락문화
   입니다. 따라서, 국도 손에 들고 마실 수 있으며, 한국에서는
   점잖치 못하다 하여 들고 먹는 것을 금하지만, 일본의 경우는
   식탁 위에 음식을 놓고 먹는 것은 금하고 있습니다.

2. 한국은 국에 밥을 말아먹지만 일본은 밥에 국을 말아먹습니다.

3. 식탁 위의 젓가락은 젓가락받침(箸置, 하시오끼) 위에 올려
   놓습니다.

4. 샐러드나 탕 종류처럼 여러 사람이 같이 먹어야 할 음식은 우
   리는 같이 먹으며 정을 나눈다고 생각하지만 일본의 경우는
   개인 접시(取り皿, 토리자라)에 덜어먹어야 하며, 덜어먹을 때
   도 별도의 젓가락(取りばし, 토리바시)을 이용하여 덜어먹거
   나, 토리바시가 없을 경우는 자기 젓가락을 뒤집어서 사용하
   지 않은 부분으로 음식을 덜어 먹습니다.

5. 김치 같은 것이 너무 커서 젓가락으로 찢을 때 한국의 경우는
   자연스럽게 찢는 것을 옆 사람이 도와주지만 그러한 것은 화
   장한 후에 유골을 집는 젓가락이 연상된다 하여 일본의 경우
   는 금기시 합니다.

7. 식사

1. 식당 찾기

❶ 실례합니다, 싸고 맛있는 가게가 있습니까?

すみません、安くて おいしい店が ありますか。
스미마셍, 야스꾸떼 오이시-미세가 아리마스까.

❷ 간단히 식사할 수 있는 가게는 없습니까?

軽い食事の できる 店は ありませんか。
카루이쇼꾸지노 데끼루 미세와 아리마셍까.

❸ 실례합니다만, 맛있는 식당은 없습니까?

すみませんが、 おいしい 食堂は ありませんか。
스미마셍가, 오이시- 쇼꾸도-와 아리마셍까.

❹ 싸고 맛있는 식당을 찾고 있습니다만.

安くて おいしい 食堂を 探して いるんですが。
야스꾸떼 오이시- 쇼꾸도-오 사가시떼 이룬데스가.

❺ 이 근처에 (라면가게)가 있습니까?

この辺に （ラーメン屋）が ありますか。
코노헨니 (라-멩야)가 아리마스까.

(소바가게 / 우동가게 / 야키니쿠야 / 패밀리 레스토랑)

（そば屋 / うどん屋 / 焼き肉屋 / ファミリレストラン）
(소바야 / 우동야 / 야끼니꾸야 / 화미리레스또랑)

⑥ 일식을 먹을 수 있는 가게를 가르쳐 주세요.

和食が　たべられる店を　教えてください。
와쇼꾸가 타베라레루 미세오 오시에떼 쿠다사이.

⑦ 이 지방의 명물 요리를 먹고 싶습니다만.

この地方の　名物料理を　たべたいんですが。
코노찌호－노 메－부쯔료－리오 타베따인데스가.

⑧ 에키벤은 어디서 살 수 있습니까?

駅弁は　どこで　買えますか。
에끼벵와 도꼬데 카에마스까.

2. 예 약

❶ 예약이 필요합니까?

予約が　必要ですか。
요야꾸가 히쯔요－데스까.

❷ 예약을 부탁합니다.

予約を　おねがいします。
요야꾸오 오네가이시마스.

❸ 몇 분입니까?

何名様ですか。
남메－사마데스까.

❹ 1명(2명 / 3명)입니다.

一人(二人 / 三人)です。
히또리(후따리 / 산닌)데스.

⑤ 금연석(끽연석 / 조용하고 전망 좋은 곳)을 부탁합니다.

禁煙席(喫煙席 / しずかで眺めのいいところ)を おねがいします。

킹엔세끼(키쯔엔세끼 / 시즈까데 나가메노 이-토꼬로)오 오네가이시마스.

⑥ 일본적인 분위기가 있는 곳이면 좋겠습니다만.

日本的な 雰囲気のする 店なら いいですが。

니혼떼끼나 훙이끼노 스루 미세나라 이-데스가.

❼ 몇 시에 예약할까요?

何時の ご予約ですか。

난지노 고요야꾸데스까.

❽ 오후 6시(6시 반 / 7시)에 부탁합니다.

午後 六時(六時 半 / 七時)に お願いします。

고고 로꾸지(로꾸지 한 / 시찌지)니 오네가이시마스.

❾ 복장 규정은 있습니까?

服装の決まりは ありますか。

후꾸소-노 키마리와 아리마스까.

3. 식당에서

❶ 어서 오십시오. (몇 분이십니까?)

いらっしゃいませ。(何名様ですか。)
이랏샤이마세 (남메−사마데스까)

❷ 예약한 ○○○입니다만.

予約した ○○○ ですが。
요야꾸시따 ○○○데스가.

❸ 예약하지 않았습니다만, 자리 있습니까?

予約して いないんですが、席は ありますか。
요야꾸시떼 이나인데스가, 세끼와 아리마스까.

❹ 한 명(두 명)입니다.

一人(二人)です。
히또리(후따리)데스.

❺ 빈 자리는 있습니까?

席は 空いていますか。
세끼와 아이떼 이마스까.

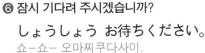

❻ 잠시 기다려 주시겠습니까?

しょうしょう お待ちください。
쇼−쇼− 오마찌쿠다사이.

❼ 어느 정도 기다립니까?

どのくらい 待ちますか。
도노쿠라이 마찌마스까.

⑧ 네, 기다리겠습니다.

はい、待ちます。

하이, 마찌마스.

---

⑨ 구석 자리가 좋겠는데요.

隅の席が いいんですが。

스미노세끼가 이-ㄴ데스가.

---

⑩ 조용한(창가) 자리를 부탁합니다.

静かな(窓際の)席を お願いします。

시즈까나(마도기와노) 세끼오 오네가이시마스.

---

⑪ 이 쪽은 어떠십니까?

こちらは いかがでしょうか。

코찌라와 이까가데쇼-까.

---

⑫ 이 쪽으로 오세요.

どうぞ、こちらへ。

도-조, 코찌라에.

알아두세요

のれん(노렝)

영업을 하고 있는 가게 문 앞에 드리우는 천을 의미하며, 노렝이 드리워져 있으면 영업을 하고 있다는 의미이며, 영업이 끝나면 노렝을 걷습니다.

• 포크	フォーク	후오꾸
• 나이프	ナイフ	나이후
• 스푼	スプーン	스뿡ー
• 냅킨	ナプキン	나뿌낑
• 젓가락	お箸	오하시
• 물	水	미즈
• 찬 물	お冷や	오히야
• 뜨거운 물	お湯	오유
• 물수건	おしぼり	오시보리
• 젓가락받침	箸置	하시오끼
• 개인 접시	取り皿	토리자라
• 소금	塩	시오
• 간장	醤油	쇼ー유
• 후추	こしょう	코쇼ー
• 설탕	砂糖	사또ー
• 식초	酢	스
• 후식	デザート	데자ー또
• 커피	コーヒー	코ー히ー
• 홍차	紅茶	코ー짜
• 녹차	お茶	오짜
• 우롱차	ウーロン茶	우ー론짜
• 아이스크림	アイスクリーム	아이스크리ー무
• 일곱가지 맛 고춧가루	七味唐辛子	시찌미토ー가라시
• (음식을 덜 때 이용하는 젓가락)	取り箸	토리바시

알아두세요

　식당 입구에는 대부분 플라스틱으로 만든 음식의 샘플과 가격이 적혀 있으므로 자신의 취향과 예산에 맞게 주문해서 먹으면 됩니다. 낮시간에는 런치타임 메뉴를 준비하여 보다 양질의 음식을 저렴하게 제공하는 곳도 있습니다.

4. 주문하기

❶ 주문 받겠습니다.

（ご注文）承ります。
(고쮸-몽) 우께따마와리마스.

❷ 주문하시겠습니까?

（ご注文は）お決まりですか。
(고쮸-몽와) 오키마리데스까.

❸ 주문(식사 / 음료수 / 디저트)은 무엇으로 하시겠습니까?

ご注文（お食事 / お飲み物 / デザート）は なにに なさいますか。
고쮸-몽(오쇼꾸지 / 오노미모노 / 데자-또)와 나니니 나사이마스까?

❹ 잠시 메뉴를 보여 주세요.

ちょっと メニューを 見せて ください。
촛또 메뉴-오 미세떼 쿠다사이.

❺ 빨리 되는 음식은 없습니까?

早くできる ものは ありませんか。
하야꾸 데끼루 모노와 아리마셍까.

❻ 오늘 런치(추천 요리 / 특별 요리)는 무엇입니까?

今日のランチ[おすすめ（料理） / 特別料理]は 何ですか。
쿄-노란찌[오스스메(료-리) / 토꾸베쯔료-리]와 난데스까.

❼ 회정식과 야키니쿠정식이 있습니다.

刺身定食と 焼き肉定食が ございます。
사시미테-쇼꾸또 야끼니꾸테-쇼꾸가 고자이마스.

❽ 회정식(튀김정식 / 런치정식)으로 하겠습니다.

刺身定食(天ぷら定食 / ランチ定食)に します。
사시미테–쇼꾸(템뿌라테–쇼꾸 / 란찌테–쇼꾸)니 시마스.

❾ 다른 주문은 없습니까?

以上で よろしいですか。
이죠–데 요로시–데스까.

❿ 이 가게에서 자신있는 요리는 무엇입니까?

この店の 自慢料理は 何ですか。
코노미세노 지만료–리와 난데스까.

⓫ 이 지방의 향토요리는 무엇입니까?

この地方の 郷土料理は 何ですか。
코노찌호–노 쿄–도료–리와 난데스까.

⓬ 같은 것으로 주세요.

同じものに してください。
오나지모노니 시떼 쿠다사이.

⓭ ○○○을 주세요.

○○○を ください。
○○○오 쿠다사이.

⓮ (메뉴를 가리키며) 이것을 주세요.

これを ください。
코레오 쿠다사이.

⓯ 스테이크는 어떻게 할까요?

ステーキの 焼きぐあいは どうなさいますか。
스떼–끼노 야끼구아이와 도–나사이마스까.

⑯ 웰던(레어 / 미디움)으로 부탁합니다.

ウェルダン(レア / ミディアム)で お願いします。

웨루단(레아 / 미디아무)데 오네가이시마스.

⑰ 디저트는 무엇으로 하시겠습니까?

デザートは 何に なさいますか。

데자ー또와 나니니 나사이마스까.

• 고기요리	肉料理	니꾸료ー리
• 생선요리	魚料理	사까나료ー리
• 해산물요리	シーフード	씨ー후ー도
• 샐러드	サラダ	사라다
• 정식	定食	테ー쇼꾸
• 일품요리	一品料理	입뻰료ー리
• 추천요리(코스)	お勧め料理(コース)	오스스메료ー리(코ース)
• 돈까스정식	豚カツ定食	톤카쯔테ー쇼꾸
• 튀김정식	天ぷら定食	템뿌라테ー쇼꾸
• 회정식	刺身定食	사시미테ー쇼꾸
• 고기구이정식	焼き肉定食	야끼니꾸테ー쇼꾸
• 자신있는 요리	自慢料理	지만료ー리
• 런치	ランチ	란찌
• 뷔페	バイキング	바이킹구
• 스테이크	ステーキ	스떼ー끼
• 비프스테이크	ビフテキ	비후떼끼
• 돈까스	豚カツ	톤까쯔
• 매일 바뀌는 메뉴	日替りメニュー	히가와리메뉴ー
• 음식이 얼마든지 리필되는 것	食べ放題	타베호ー다이
• 술이 얼마든지 리필되는 것	飲み放題	노미호ー다이
• (스테이크를)바짝 익힘	ウェルダン	웨루단
• 설익힘	レア	레아
• 중간쯤 익힘	ミディアム	미디아무

5. 식 사

❶ 잘 먹겠습니다.

いただきます。

이따다끼마스.

❷ 잘 먹었습니다.

ごちそう様でした。

고찌소ー사마데시따.

❸ 어서 드세요.

どうぞ。

도ー조.

❹ 대단히 감사합니다.

どうも。

도ー모.

❺ 매우 맛이 있군요. / 입에 맞아 맛있습니다.

とても おいしいですね。/ 口に合って おいしいです。

토떼모 오이시ー데스네. / 쿠찌니 앗떼 오이시ー데스.

❻ 맛있어 보이네요.

おいしそうですね。

오이시소ー데스네.

❼ 좀더 드시겠습니까?

もう 少し いかがですか。

모ー 스꼬시 이까가데스까.

❽ 이제 배부릅니다. / 이제 충분합니다(됐습니다).

もう お腹 いっぱいです。/ もう たくさんです。

모- 오나까 입빠이데스 / 모- 탁산데스.

---

❾ 밥을 더 먹을 수 있습니까?

ご飯の お替わりできますか。

고한노 오카와리데끼마스까.

---

❿ 실례합니다만, 간장을 집어 주시겠습니까?

すみませんが、(醤油)を とって もらえますか。

스미셍, (쇼-유)오 톳떼 모라에마스까.

(소금 / 후추 / 설탕 / 시치미토가라시 / 접시)

(塩 / こしょう / 砂糖 / 七味唐辛子 / お皿)

(시오 / 코쇼- / 사또- / 시찌미토-가라시 / 오사라)

⓫ 이것은 어떤 요리입니까?

これは どういう 料理ですか。

코레와 도-유- 료-리데스까.

⓬ 요리(음식)가 아직 안 나왔습니다.

料理(食べ物)は まだ でて いません。

료-리(타베모노)와 마다 데떼 이마셍.

⓭ 죄송합니다. (젓가락)을 떨어 뜨렸습니다.

すみません。(おはし)を 落として しまいました。

스미셍. (오하시)오 오또시떼 시마이마시따.

(스푼 / 나이프)

(スプーン / ナイフ)

(스뿌-ㅇ / 나이후)

⑭ 조금 싱겁군요(달군요).

ちょっと 薄いですね(甘いですね)。
촛또 우스이데스네(아마이데스네).

• 맛있다	おいしい・うまい	오이시 – ・우마이
• 맛없다	まずい	마즈이
• 싱겁다	うすい	우스이
• 달다	あまい	아마이
• 맵다	からい	카라이
• 느끼하다	脂っこい	아부락꼬이
• (맛이)진하다	(味)が濃い	(아지)가코이
• 연한 맛	薄い味	우스이아지
• 짜다	しおからい・しょっぱい	시오카라이・숍빠이
• 시다	すっぱい	습빠이
• 개운하다	さっぱりする	삽빠리스루

6. 계 산

❶ 계산 부탁합니다.

お勘定 おねがいします。
오칸죠– 오네가이시마스.

❷ 신용카드로 낼 수 있습니까?

クレジットカードで はらえますか。
쿠레짓또카–도데 하라에마스까.

❸ 영수증을 주세요.

領収証(レシート)をください。
료–슈–쇼–(레시–또)오 쿠다사이.

❹ 제가 한턱 내겠습니다.

わたしが おごります。
와따시가 오고리마스.

제가 내겠습니다. / 제가 대접하겠습니다.

私が もちます。/ 私が ご馳走します。
와따시가 모찌마스. / 와따시가 고찌소-시마스.

❺ 각자 계산합시다.

割り勘に しましょう。
와리깐니 시마쇼-.

❻ 서비스료와 세금이 포함되어 있습니까?

サ-ビス料と 税込みですか。
사-비스료-또 제-꼬미데스까.

❼ 서비스료는 별도입니다.

サ-ビス料は 別と なって おります。
사-비스료-와 베쯔또 낫떼 오리마스.

7. 패스트푸드점

❶ 어서오세요.

いらっしゃいませ。
이랏샤이마세.

❷ 햄버거 세트를 주세요. / 부탁합니다.

ハンバーガーセット おねがいします。
함바-가-셋또 오네가이시마스.

❸ 여기서 드실 겁니까? 가지고 가십니까(포장입니까)?

ここで 召し上がりますか。お持ち帰りですか。
코꼬데 메시아가리마스까. 오모찌카에리데스까.

❹ 여기서 먹겠습니다. / 가지고 가겠습니다(포장입니다).

ここで 食べます。/ 持って 帰ります。
코꼬데 타베마스. / 못떼 카에리마스.

❺ 음료수는 무엇으로 하시겠습니까?

おのみものは なにに なさいますか。
오노미모노와 나니니 나사이마스까.

❻ 콜라(커피) 주세요.

コーラ(コーヒー) ください。
코-라(코-히-) 쿠다사이.

• 햄버거	ハンバーガー	함바―가―
• 치즈버거	チーズバーガー	치―즈바―가―
• 더블버거	ダブルバーガー	다부루바―가―
• 후라이드포테이토	フライドポテト	후라이도포떼또
• 치킨너겟	チキンナゲット	치낀나겟또
• 비스킷	ビスケット	비스껫또
• 소프트크림	ソフトクリーム	소후또쿠리―무
• 드링크	ドリンク	도링꾸
• 콜라	コーラ	코―라
• 라이트콜라	ダイエットコーラ	다이엣또코―라
• 환타	ファンタ	환따
• 오렌지주스	オレンジジュース	오렌지쥬―스
• 아이스티	アイスティー	아이스띠―
• 냉커피	アイスコーヒー	아이스코―히―
• 핫커피	ホットコーヒー	홋또코―히―
• 코코아	ホットココア	홋또코코아
• 쉐이크	シェイク	셰이꾸
• 애플파이	アップルパイ	압뿌루파이
• 샌드위치	サンドイッチ	산도잇찌

8. 패밀리레스토랑

❶ 오늘의 매일 바꾸는 메뉴는 무엇입니까?

今日の日替りメニューは 何ですか。
쿄―노 히가와리메뉴―와 난데스까.

❷ 모닝세트는 몇 시까지입니까?

モーニングセットは 何時までですか。
모―닝구셋또와 난지마데데스까.

❸ 스프는 무엇이 있습니까?

スープは 何が ありますか。

스-뿌와 나니가 아리마스까.

❹ 오늘의 추천 요리는 무엇입니까?

今日の お勧めは 何ですか。

쿄-노 오스스메와 난데스까.

❺ 빵(음료수)은 더 먹을 수 있습니까?(리필 됩니까?)

パン (飲み物)は お替わりできますか。

팡(노미모노)와 오카와리데끼마스까.

• 디저트	デザート	데자-또
• 아이스크림	アイスクリーム	아이스쿠리-무
• 케이크	ケーキ	케-끼
• 푸딩	プリン	푸링
• 샤베트	シャーベット	샤-벳또
• 무스	ムース	무-스
• 무스케이크	ムースケーキ	무-스케-끼
• 과자	お菓子	오까시
• 제철 과일	旬のフルーツ	슌노후루-츠
• 젤리	ゼリー	제리-
• 야쿠르트	ヨーグルト	요-구루또

일본 음식

1. 밥 종류

① 오니기리(おにぎり) - 주먹밥

원래는 여행할 때 가지고 다니던 보존식으로 우메보시(梅干し)나 대구알(たらこ), 연어(鮭), 명란(明太子) 등 생선이나 알 등을 넣어 뭉치거나, 김으로 싸서 먹습니다. 오무스비(おむすび)라고도 합니다. 우리나라에도 삼각김밥이라는 이름으로 편의점에서 판매되고 있는 주먹밥을 이릅니다.

② 돔부리(どんぶり)

덮밥. 쌀밥 위에 각종 요리를 얹어 먹는 것으로 규동(牛丼, 쇠고기 덮밥), 카츠동(カツ丼, 돈까스 덮밥), 오야코동(親子丼, 닭고기와 계란 덮밥), 덴동(天丼, 새우튀김 덮밥) 등 다양합니다.

③ 에키벤(駅弁)

역에서 파는 도시락으로, 각 지방 특산물이 주재료인 도시락이어서 여행객들에게 그 지방을 느끼게 해주는 도시락 음식입니다. 오늘날은 전국의 에키벤을 백화점 식품가 등에서도 팔고 있어 전국의 맛을 한 자리에서 감상할 수 있습니다.

2. 면 종류

① 우동(うどん)

국수보다 면발이 굵은 우동은 덴뿌
라우동, 타누키우동, 기츠네우동 등
종류가 다양하며, 취향에 따라 시치
미도우가라시(七味唐辛子) 등을 뿌려
먹습니다.

② 라면(ラーメン)

중국식 생면을 여러 가지 맛의 육
수에 말아먹습니다. 쇼유라멘(간장
맛), 미소라멘(된장맛), 시오라멘(소
금맛) 등 다양합니다.

③ 소바(そば)

소바는 밀가루로 만든 일반 국수와
메밀국수의 두 종류가 있습니다. 메
밀국수를 장국(つゆ)에 찍어 먹는 것
을 자루소바라고 합니다.

3. 생선류

① 사시미(さしみ) : 생선회

② 스시(寿司, 초밥)

원래 스시는 부패를 방지하기 위해 생선을 소금에 절인 것을 일컬었는데, 에도(江戸)시대(1603~1867)에 식초를 이용 밥과 함께 먹던 것이 에도(도쿄)에서는 주먹으로 뭉친 밥 위에 생선을 얹어 니기리즈시(にぎりずし)를 만든 것이 오늘날의 스시가 되었습니다.

4. 튀김류

① 덴뿌라(天ぷら)

튀김요리. 야채나 해산물 등을 튀겨 먹는데, 튀김옷을 얇게 입혀 바삭하며, 야채와 생선의 제 맛을 느낄 수 있습니다.

② 돈까스(トンカツ)

일본의 돈까스는 고기가 두껍고 튀김옷이 얇아 고기의 쫄깃한 맛과 다양한 소스가 어우러져 한 번쯤 먹어볼 만합니다. 카츠동(カツ丼), 카츠카레(カツカレー) 등 다른 음식과 접목시킨 것도 일본 돈까스의 특징입니다.

5. 구이류

① 오코노미야키(お好み焼き)

일본식 부침개로 여러 가지 재료를 철판에 부쳐 먹는 음식입니다.

② 야키니쿠(焼き肉)

불고기. 양념하지 않은 로스나 가볍게 양념을 묻힌 고기를 구워, 양념맛이 아닌 고기 본래의 맛을 냅니다.

6. 전골류

① 샤부샤부(しゃぶしゃぶ)

얇게 저민 쇠고기와 갖은 야채를 끓는 물에 데쳐 소스에 찍어먹는 요리로 그 소리가 '샤브샤브'라고 들린다고 하여 이런 이름이 붙었다고 합니다.

② 스키야키(すき焼き)

고기와 두부, 버섯, 당면 등을 양념하여 철판 위에서 끓여 먹는 요리로 쇠고기 전골 정도에 해당됩니다.

③ 나베모노(鍋物) :

냄비에 넣고 끓이는 국물요리.

7. 그 밖의 일본 음식

① 츠케모노(漬物)

채소를 쌀겨나 소금, 된장 등에 박아서 먹는 일본식 김치류로 다쿠앙을 비롯하여 배추, 무, 오이, 가지, 당근 등 종류도 다양합니다.

② 우메보시(梅干し)

매화를 시소(紫蘇)잎에 절인 것인데, 식중독을 예방하며 보존력이 뛰어나 일본 음식에 없어서는 안 되는 중요한 음식입니다. 새콤하고 짭짤한 독특한 맛이 납니다.

③ 낫또(納豆)

일본식 청국장이라고나 할까. 그러나 우리 나라 청국장처럼 국물 요리에 쓰이는 것이 아니라 간장, 대파, 계란 등을

섞어 비벼서 밥과 함께 먹습니다. 독특한 냄새와 끈적임 때문에 거부감이 일 수도 있습니다.

④ 카레(カレ-)

일본 전통 음식이 아니면서도 거의 일본 음식화된 것이 돈까스와 더불어 카레를 꼽을 수 있습니다. 여러 가지 스파이스를 사용한 카레는 맛도 다양합니다.

여행 일본어
한 권으로
끝내자

여행 일본어 한 권으로 끝내자

8. 쇼 핑

8. 쇼핑

1. 매장 찾기

❶ 죄송하지만, (편의점)은 어디입니까?

すみませんが、（コンビニ）は どこですか。
스미마셍가, (콤비니)와 도꼬데스까.

(쇼핑센터 / 100엔 숍 / 이 도시의 상점가)

（ショッピングセンター - 100円ショップ / この町の商店街）
(숍삥구센따- / 햐꾸엔숍뿌 / 코노마찌노 쇼-뗑가이)

❷ 이 주변에 (백화점)이 있습니까?

この辺に （デパート)は ありますか。
코노헨니 (데빠-또)와 아리마스까.

(면세점 / 슈퍼 / 우동가게)

（免税店 / スーパー / うどん屋）
(멘제-뗑 / 스-빠- / 우동야)

❸ ○○○은 어디에서 살 수 있습니까?

○○○は どこで 買えますか。
○○○와 도꼬데 카에마스까.

❹ 여기서 가장 가까운 편의점(백화점)은 어디입니까?

ここで 一番 近い コンビニ(デパート)は どこですか。
코꼬데 이찌방 치까이 콤비니(데빠-또)와 도꼬데스까.

❺ 저 흰 빌딩 옆(앞)에 있습니다.

あの 白い ビルのとなり(まえ)に あります。

아노 시로이 비루노 토나리(마에)니 아리마스.

❻ 어린이옷(숙녀복 / 신사복 / 악세사리 매장)은 몇 층입니까?

子供服(婦人服 / 紳士服 / アクセサリー売り場)は 何階ですか。

코도모후꾸(후징후꾸 / 신시후꾸 / 아꾸세사리—우리바)와 낭가이데스까?

❼ 장난감은 어디서 팝니까?

おもちゃは どこで 売っていますか。

오모쨔와 도꼬데 웃떼 이마스까.

❽ (영업 시간은) 몇 시부터 몇 시까지입니까?

(営業時間は) 何時から何時まですか。

(에—교—지깡와)난지까라 난지마데데스까.

❾ 화장품을 사고 싶습니다만, (어디서 살 수 있습니까?)

化粧品を 買いたいんですが、 (どこで 買えますか)。

케쇼—힝오 카이따인데스가, (도꼬데 카에마스까.)

 알아두세요

소비세 포함 총액표시 의무화

소비세는 상품 구입시 별도 지불방식이던 것이 2004년 4월 1일부터 상품가격에 포함, 총액으로 표시하도록 의무화되었습니다. 따라서 상품구입액을 한 눈에 알 수 있게 되었습니다. 참고로 우리나라 면세범위는 담배 1보루, 양주 1병, 향수 2온스, 기타 쇼핑품목의 합계금액이 400달러 이하입니다.

• 백화점	デパート	데빠ー또
• 편의점	コンビニ	콤비니
• 슈퍼	スーパー	스ー빠ー
• 쇼핑센터	ショッピングセンター	숍삥구센따ー
• 상점가	商店街	쇼ー뗑가이
• 시장	市場	이찌바
• 면세점	免税店	멘제ー뗑
• 토산품가게	お土産物屋	오미야게모노야
• 서점	本屋	홍야
• 장남감가게	おもちゃ屋	오모쨔야
• 과자점	お菓子屋	오카시야
• 100엔숍	100円ショップ	햐꾸엔숍뿌
• 화장품 매장	化粧品売り場	케쇼ー힝우리바
• 구두 매장	靴売り場	쿠쯔우리바
• 신사복	紳士服	신시후꾸
• 숙녀복	婦人服	후징후꾸
• 어린이옷	子供服	코도모후꾸
• 전기제품	電気製品	뎅끼세ー힝
• 디스카운트스토어	ディスカウントストア	디스카운또스또아
• 티켓 판매점	チケットショップ	치켓또숍뿌
• 주차장	駐車場	쮸ー샤죠ー
• 식품 매장	食品売り場	쇼꾸힝우리바
• 잡화	雑貨	작까
• 어린이용품	子供用品	코도모요ー힝
• 스포츠용품	スポーツ用品	스뽀ー쯔요ー힝
• 식당가	食堂街	쇼꾸도ー가이
• 1층	一階	익까이
• 2층	二階	니까이
• 3층	三階	상가이, 상까이
• 몇 층	何階	낭가이

2. 가게에서

❶ 무엇을 찾으십니까?

何を おさがしですか。

나니오 오사가시데스까.

❷ 그냥 구경하려구요.

ちょっと 見て いるだけです。

촛또 미떼 이루다께데스.

❸ 넥타이(구두 / 화장품 / 토산품)를 사고 싶습니다만.

ネクタイ (靴 / 化粧品 / お土産)を 買いたいんですが。

네꾸따이(쿠쯔 / 케쇼-힝 / 오미야게)오 카이따인데스가.

❹ 넥타이(구두 / 화장품 / 토산품)를 사려고 합니다만.

ネクタイ (靴 / 化粧品 / お土産)が ほしいんですが。

네꾸따이(쿠쯔 / 케쇼-힝 / 오미야게)가 호시인데스가.

❺ 이것(그것 / 저것)은 어떻습니까?

これ (それ / あれ)は いかがでしょうか。

코레(소레 / 아레)와 이까가데쇼-까.

❻ 딱 좋군요.

ちょうど いいですね。

쵸-도 이-데스네.

❼ 잘 맞습니다. / 꼭 맞습니다.

よくあいます。 / ぴったりです。

요꾸아이마스. / 삣따리데스.

❽ 잘 어울리시네요.

よく おにあいですね。

요꾸 오니아이데스네.

❾ 조금 (작은) 것 같군요.

少し（ちいさい）ようですね。

스꼬시 (찌-사이)요-데스네.

(큰 / 긴 / 헐렁한 / 끼는 / 짧은 / 비싼)

(おおきい / 長い / ゆるい / きつい / 短い / 高い)

(오-끼- / 나가이 / 유루이 / 키쯔이 / 미지까이 / 타까이)

❿ 좀더 (큰) 것을 보여 주시지 않겠습니까?

もっと （大きい）ものを みせて くれませんか。

못또 (오-끼-)모노오 미세떼 쿠레마셍까.

(작은 / 짧은 / 긴 / 싼)

(小さい / 短い / 長い / 安い)

(찌-사이 / 미지까이 / 나가이 / 야스이)

⓫ 좀더 큰(작은) 것은 없습니까?

もっとおおきい（ちいさい）のは ありませんか。

못또 오-끼- (찌-사이)노와 아리마셍까.

⓬ 너무 수수하군요. / 너무 화려하군요.

地味すぎますね。/ 派手すぎますね。

지미스기마스네. / 하데스기마스네.

⓭ 이것과 같은 것으로 다른 색상은 없습니까?

これと同じで 色違いは ありませんか。

코레또 오나지데 이로찌가이와 아리마셍까.

⑭ 예산은 얼마 정도입니까?

ご予算は いくらぐらいですか。

고요상와 이꾸라구라이데스까.

---

⑮ 가격이 적당한 것을 보여드리겠습니다.

お値段の 手頃な物を お見せ致しましょうか。

오네단노 테고로나 모노오 오미세이따시마쇼-까.

---

⑯ 돈이 부족합니다만.

お金が 足りないんですが。

오카네가 타리나인데스가.

---

⑰ 색은 좋습니다만, 디자인이 좀…….

色は いいですが、 デザインが ちょっと……。

이로와 이-데스가, 데자잉가춋또…….

---

⑱ 다른 것(디자인 / 색 / 사이즈)은 없습니까?

他の(デザイン / 色 / サイズ)は ありませんか。

호까노 (데자잉 / 이로 / 사이즈)와 아리마셍까.

---

⑲ 입어 봐도 됩니까?

着てみても いいですか。

키떼미떼모 이-데스까.

---

⑳ (넥타이를) 매봐도 됩니까?

(ネクタイを) しめて 見ても いいですか。

(네꾸타이오) 시메떼 미떼모 이-데스까.

◀186
187▶

㉑ (모자를) 써봐도 됩니까?

(帽子を) かぶって 見ても いいですか。

(보-시오) 카붓떼 미떼모 이-데스까.

㉒ 메이커는 어디입니까(어느 회사제품입니까)?

メーカーは どこですか。

메-카-와 도꼬데스까.

㉓ 이것으로 하겠습니다. / 이것 주세요.

これに します。/ これを ください。

코레니 시마스. / 코레오 쿠다사이.

㉔ 따로따로 포장해 주시겠습니까?

別々に 包んで もらえませんか。

베쯔베쯔니 쯔쯘데 모라에마셍까.

㉕ 토산품(선물)이니까 포장해 주세요.

お土産(プレゼント)ですから 包んで ください。

오미야게(프레젠또)데스까라 쯔쯘데 쿠다사이.

㉖ 아니오, 그냥 주세요. (포장 안 해도 될 때)

いいえ、そのままで いいです。

이-에, 소노마마데 이-데스.

㉗ 죄송합니다. 또 오겠습니다.

すみません。また きます。

스미마셍. 마따 기마스.

3. 계 산

❶ 계산대는 어디입니까?

レジは　どこですか。

레지와 도꼬데스까.

❷ 전부 (이것은) 얼마입니까?

全部で　(これは)いくらですか。

젬부데(코레와) 이꾸라데스까.

❸ 조금 깎아 주세요.

少し　まけて　ください。

스꼬시 마께떼 쿠다사이.

❹ 조금 할인해 주세요.

少し　値引きして　ください。

스꼬시 네비끼시떼 쿠다사이.

❺ 가격은 할인 가격(싼 값)입니다만.

お値段は　値引き価額(格安)に　なって　おりますが。

오네당와 네비끼카가꾸(카꾸야스)니 낫떼 오리마스가.

❻ 세금이 포함되어 있습니까?

税込みですか。

제-꼬미데스까.

❼ 네, 세금이 포함되어 있습니다.

はい、税込みでございます。

하이, 제-꼬미데고자이마스.

❽ 면세입니다.

免税に なって おります。

멘제-니 낫떼 오리마스.

❾ 세금은 별도입니다.

税金は べつと なって おります。

제-낑와 베쯔또 낫떼 오리마스.

⑩ 카드(여행자수표)로 계산해도 됩니까?

カード(トラベラーズチェック)で いいですか。

카-도(토라베라-즈첵꾸)데 이-데스까.

⑪ 일시불입니까?

一括払いですか。

익까쯔바라이데스까.

⑫ 할부도 됩니까?

分割払いが できますか。

붕까쯔바라이데스까.

⑬ 3개월(6개월 / 12개월) 할부로 하겠습니다.

三回(六回 / 12回)払いに します。

상까이(록까이 / 쥬-니까이)바라이니 시마스.

⑭ 1만 엔 받았습니다.

一万円 おあずかりします。

이찌망엥 오아즈까리시마스.

⑮ 2,300엔 거스름돈입니다.

2,300円のお返しです。

니센삼뱌꾸엔노 오카에시데스.

⑯ 영수증을 주세요.

領収証(レシート)を ください。
료-슈-쇼-(레시-또)오 쿠다사이.

⑰ 전부 5,300엔입니다.

全部で 5,300円に なります。
젬부데 고센삼뱌꾸엔니 나리마스.

• 지불	支払い	시하라이
• 현금	現金	겡낑
• (신용)카드	(クレジット)カード	(쿠레짓또)카-도
• 일시불	一括払い	익까쯔바라이
• 할부	分割払い	붕까쯔바라이
• 정가	定価	테-까
• 할인	値引き・割引	네비끼・와리비끼
• 싼 값	格安	카꾸야스
• 가격	価額	카가꾸
• 세금	税金	제-낑
• 세금 포함	税込み	제-꼬미
• 여행자 수표	トラベラーズチェック	토라베라-즈첵꾸

알아두세요

계산하는 곳이면 어디에서나 계산을 할 때 반드시 얼마 받았습니다. 즉, ~円 お預かりします 거스름돈을 돌려줄 때는 얼마 얼마 돌려 드립니다라는 뜻의 ~円の お返しです 라고 말해서 계산할 때 서로 확인하여 착오가 없도록 하고 있습니다.

4. 반품 및 교환

❶ 미안합니다만, 이것을 교환하고 싶습니다만.

すみませんが、これを 交換したいんですが。
스미마셍가, 코레오 코-칸시따인데스가.

❷ 언제 구입하셨습니까?

いつ お買いに なりましたか。
이쯔 오카이니 나리마시따까.

❸ 어제 샀습니다.

きのう 買いました。
키노- 카이마시따.

❹ 여기에 흠이 나 있습니다.

ここに 傷が ついて います。
코꼬니 키즈가 쯔이떼 이마스.

❺ 고장난 겁니다.

こわれて います。
코와레떼 이마스.

❻ 깨져 있습니다.

割れて います。
와레떼 이마스.

❼ 뜯어져 있습니다.

やぶれて います。
야부레떼 이마스.

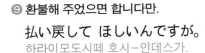

⑧ 반품하고 싶습니다만.

返品したいんですが。

헴삔시따인데스가.

---

⑨ 환불해 주었으면 합니다만.

払い戻して ほしいんですが。

하라이모도시떼 호시―인데스가.

---

⑩ 카드로 지불했는데 어떻게 하면 됩니까?

カ-ドで 支払ったんですが、どうすれば いいでしょうか。

카―도데 시하랏딴데스가, 도―스레바 이―데쇼―까.

---

⑪ 물건과 영수증을 보여 주시겠습니까?

品物と 領収証を みせて いただけますか。

시나모노또 료―슈―쇼―오 미세떼 이따다께마스까.

---

⑫ (여기) 영수증입니다.

(これ) レシ-トです。

(코레) 레시―또데스.

---

⑬ 다른 사이즈(색)와 바꿔 주었으면 합니다만.

他のサイズ(色)と 取り替えて もらいたいんですが。

호까노 사이즈(이로)또 토리까에떼 모라이따인데스가.

---

⑭ 죄송합니다만, 지금 품절되어서 교환은 어렵겠습니다만.

申し訳ございませんが、今 品切に なって 交換は 出来ませんが。

모―시와께고자이마셍가, 이마 시나기레니 낫떼 코―깡와 데끼마셍가.

5. 전자상가

① 디카(CD플레이어)를 사고 싶습니다만.

デジカメ(CDプレーヤー)が ほしいんですが。
데지카메(씨디푸레-야-)가 호시인데스가.

② MP3(게임소프트)를 사고 싶습니다만.

MP3(ゲームソフト)を 買いたいんですが。
엠피쓰리(게-무소후또)오 카이따인데스가.

③ 다른 회사 제품도 보여 주세요.

他のメーカのも 見せて ください。
호까노 메-까노모 미세떼 쿠다사이.

④ 녹음도 할 수 있습니까?

録音も できますか。
로꾸옴모 데끼마스까.

⑤ 최신 모델(추천상품)은 어느 것입니까?

最新モデル(お勧め商品)は どれですか。
사이심모데루(오스스메쇼-힝)와 도레데스까.

⑥ (오늘) 득이 되는 상품은 어느 것입니까?

(今日の) お買い得品は どれですか。
(쿄-노) 오카이도꾸힝와 도레데스까.

⑦ 조작이 간단하고 사용하기 쉬운 것을 보여 주세요.

操作が 簡単で、使いやすいのを 見せて ください。
소-사가 칸딴데 쯔까이야스이노오 미세떼 쿠다사이.

❽ 한국에서도 사용할 수 있습니까?

韓国でも 使えますか。
캉꼬꾸데모 쯔까에마스까.

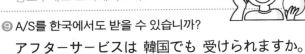

❾ A/S를 한국에서도 받을 수 있습니까?

アフターサービスは 韓国でも 受けられますか。
아후따-사-비스와 캉꼬꾸데모 우께라레마스까.

❿ 한국(서울)에 A/S센터가 있습니까?

韓国(ソウル)に アフターサービスセンターが ありますか。
캉꼬꾸(소우루)니 아후따-사-비스센따-가 아리마스까.

⓫ 220V 겸용입니까?

220ボルト 兼用ですか。
니햐꾸니쥬-보루또 켕요-데스까.

• 바겐세일	バーゲンセール	바-겐세-루
• 대매출	大売り出し	오-우리다시
• 타임 세일	タイムセール	타이무세-루
• 할인 판매	安売り	야스우리
• 주력 상품	目玉商品	메다마쇼-힝
• 신제품	新製品	신세-힝
• 신발매	新発売	싱하쯔바이
• 신형	新型	싱가따
• 품절	売り切れ	우리끼레
• 워크맨	ウォークマン	워-꾸망
• 전기밥솥	電気炊飯器	뎅끼스이항끼
• 전자수첩	電子手帳	덴시테쪼-
• 전자사전	電子辞典	덴시지뗑
• 전기면도기	電気かみそり	뎅끼카미소리
• 무비카메라	ムービーカメラ	무-비-카메라

6. 슈퍼·편의점

❶ 식품 코너는 어느 쪽입니까?

食品コーナーは どちらですか。
쇼꾸힝코ー나ー와 도찌라데스까.

❷ 삼각김밥을 사고 싶습니다만.

おにぎり(おむすび)を 買いたいんですが。
오니기리(오무스비)오 카이따인데스가.

❸ (샴푸)를 사고 싶습니다만.

(シャンプ)を 買いたいんですが。
(샴뿌)오 카이따인데스가.

(비누 / 칫솔 / 치약 / 린스)

(せっけん / 歯ブラシ / 歯磨き / リンス)
(섹껭 / 하부라시 / 하미가끼 / 린스)

❹ 김치(쇼핑바구니)는 어디에 있습니까?

キムチ(かご)は どこに ありますか。
키무찌(카고)와 도꼬니 아리마스까.

❺ 뜨거운 물을 넣고 싶습니다만.

お湯を いれたいんですが。
오유오 이레따인데스가.

❻ 레인지에 데워 주세요.

レンジで 温めて ください。
렌지데 아따따메떼 쿠다사이.

❼ 봉지(비닐봉지 / 종이봉지) 주시겠어요?

袋(ビニール袋 / 紙袋) もらえますか。

후꾸로(비니-루부꾸로 / 카미부꾸로) 모라에마스까.

- -

❽ 팩스를 사용할 수 있습니까?

ファックスが 使えますか。

확꾸스가 쯔까에마스까.

• 편의점	コンビニ	콤비니
• 슈퍼	スーパー	스-빠-
• 삼각김밥(주먹밥)	おにぎり(おむすび)	오니기리 (오무스비)
• 식품 코너	食品コーナー	쇼꾸힝코-나-
• 김치	キムチ	키무찌
• 라면	ラーメン	라-멩
• 컵라면	カップヌードル	캅뿌누-도루
• 김	のり	노리
• 밥	ご飯	고항
• 샌드위치	サンドイッチ	산도잇찌
• 과자	お菓子	오카시
• 센베(전병)	せんべい	셈베-
• 냉동식품	冷凍食品	레-또-쇼꾸힝
• 인스턴트식품	インスタント食品	인스탄또 쇼꾸힝
• 도시락	おべんとう	오벤또-
• 샴푸	シャンプ	샴뿌
• 비누	せっけん	섹껭
• 칫솔	歯ブラシ	하부라시
• 치약	歯磨き	하미가끼
• 린스	リンス	린스

7. 기념품가게

① 토산품으로 추천할 만한 것은 무엇이 있을까요?

お土産に おすすめのものは 何でしょうか。
오미야게니 오스스메노모노와 난데쇼-까.

② 이 지방의 특산물(명물)은 무엇입니까?

この地方の 特産物(名物)は 何ですか。
코노찌호-노 톡삼부쯔(메-부쯔)와 난데스까.

③ 가장 일본적인 것이 좋겠습니다만.

一番 日本的な物が いいんですが。
이찌방 니혼떼끼나모노가 이-ㄴ데스가.

④ 기념 엽서(기념 전화 카드)를 사고 싶습니다만.

記念ハガキ(記念テレホンカード)を買いたいんですが。
키넹하가끼(키넨테레홍카-도)오 카이따인데스가.

⑤ (인형)들은 어떨까요?

(人形)なんかは いかがでしょうか。
(닝교-)낭까와 이까가데쇼-까.

(볼펜 / 전병 / 과자)

(ボールペン / せんべい / お菓子)
(보-루뻰 / 셈베- / 오까시)

⑥ 일본 야채절임(된장 / 매실초절임) 등은 어떠세요?

日本の つけもの(味噌 / 梅干し)なんかは いかがですか。
니혼노 쯔께모노(미소 / 우메보시)낭까와 이까가데스까.

❼ 오래 보관할 수 있습니까?

長持ち 出来ますか。
나가모찌 데끼마스까.

❽ 일주일(5일 / 3일) 정도는 괜찮습니다.

一週間(五日間 / 三日間)ぐらいは もちます。
잇슈一깡(이쯔쯔깡 / 믹까깡)구라이와 모찌마스.

❾ 따로따로 포장해 주세요.

別々に 包んで ください。
베쯔베쯔니 쯔쯘데 쿠다사이.

여행 일본어
한 권으로
끝내자

9. 여행 때 필요한
관공서

여행 때 필요한 관공서

1. 은 행

은행 업무는 9 : 00 ~ 15 : 00까지이며,
ATM(현금자동입출기)을 이용할 수 있는
카드는 뒷면에 PLUS라고 쓰여진 카드만
이용 가능합니다.

2. 우체국

일본 우체국 간판에는 주홍색으로 〒마크가 있습니다. 영업
은 09 : 00 ~ 17 : 00까지이고, 토·일요일과 공휴일은 휴무이지
만 ·일부 우체국은 매일 영업하거나 주1회 휴무인 우체국도 있

습니다.

시내 번화가나 오피스 밀집지역
에서 우체국을 쉽게 찾을 수 있습
니다.

3. 전화

공중전화로 일본 국내 통화를 할 경우 전화 카드나 주화(10엔, 100엔)로 통화할 수 있으나 거스름돈은 환불되지 않습니다. 국제전화가 가능한 공중전화기는 골드 패널이 부착된 녹색 전화기와 국제전화 전용 전화기입니다. 동전, 전화카드 둘 다 사용 가능하나 요즈음은 위조 전화 카드 사용이 늘어남에 따라 호텔이나 큰 역 주변에 가야만 국제 전용 전화기를 이용할 수 있습니다.

휴대폰은 대부분 다른 나라 휴대폰과 호환이 되지 않으므로 나리타·칸사이 국제공항에서 렌탈하는 것이 편리할 것입니다.

o PuPuRu(일본 휴대전화 렌탈 숍)

　www.pupuru.com(한국어, 일본어, 영어, 중국어)

① 일본 주요 지역 번호

삿포로(札幌)	011	지바(千葉)	043	나고야(名古屋)	052	고베(神戸)	078
센다이(仙台)	022	나리타(成田)	0476	나라(奈良)	0742	히로시마(広島)	082
니이가타(新潟)	025	도쿄(東京)	03	교토(京都)	075	후쿠오카(福岡)	092
사이타마(埼玉)	048	요코하마(横浜)	045	오사카(大阪)	06	나하(那覇)	098
오이타(大分)	0975						

204

② 일본 내에 전화 걸기

우리 나라 전화 이용과 동일합니다. 동일 지역의 전화요금은 1분당 10엔이며, 주화를 사용할 경우 거스름돈은 환불되지 않습니다. (지역번호+상대방 전화번호)

알아두세요

일본의 공중전화

동전, 전화 카드, 신용 카드 등으로 전화를 할 수 있습니다. 시내 곳곳에 공중전화기가 있으며, 전화 카드는 편의점, 자동판매기(대개 공중전화 박스 안에 딸려 있음), 역의 매점, 서점 등에서 쉽게 구할 수 있습니다. 동전(10엔, 100엔)으로 전화를 걸 때 거스름돈은 나오지 않습니다. 1,000엔짜리 전화 카드의 경우 10엔에 1분 통화하는 기본 통화를 105회 할 수 있는데, 짧은 일정의 여행이라면 전화 카드는 쓰다가 남아도 현금으로 바꿀 수 없다는 점을 알고 활용한다면 유익할 것입니다.

③ 일본에서 한국으로 국제전화 걸기

ⓐ 직통 전화

001 / 0041 / 0061 / 0033(국제전화 식별 번호)+82(국가번호)+지역번호(0은 생략)+상대방 전화번호를 누릅니다.

예) 서울 02)123-4567을 001로 걸 경우

001-82-2-123-4567

예) 핸드폰 011-123-4567에 걸 경우

001-82-11-123-4567

o 001(KDD, 국제전신전화)

o 0041(ITJ, 일본국제통신)

o 0061(IDC, 국제디지탈통신)

o 0033(NTT, 일본전신전화)

매 일	평 일	토 · 일요일 / 공휴일
23 : 00~08 : 00 40% 할인	19 : 00~23 : 00 20% 할인	08 : 00~23 : 00 20% 할인

ⓑ 일본에서 콜렉트 콜 이용하기

우리말 안내로 언어의 두려움 없이 국제 통화할 수 있고 현금 없이 콜렉트 콜로 편리하게 통화 가능하며, 거의 모든 전화기로 어디서나 이용 가능합니다.

회사별로 접속 번호를 누른 후 연결이 되면 한국어 안내 방송이 나오므로 그에 따라 버튼을 누르면 통화할 수 있습니다.

접속 번호

데이콤	한국통신(KT)	온세통신(HCD)
0044-11-081	0034-811-082(NTTC)	00539-828
0066-77-822	00539-821(KDD)	00351-008-242
00539-822	0044-11-821(JT)	0066-55-823
	0066-55-821(IDC)	0066-77-823

공중전화 이용시 발신음이 나오면 접속 번호를 누른 후 안내에 따라 이용 가능하며, 발신음이 없는 경우는 동전이나 현지 공중전화 카드를 넣고 발신음 확인 후 이용 가능합니다. (투입된 동전은 통화 후 반환되며 카드도 감액 없이 반환됩니다.)

206

ⓒ PuPuRu에서 렌탈한 렌탈폰(NTT 도코모콜)의 경우
「009130 + 010→82(한국 국가 번호)→시외 국번→상대
편 번호」로 직접 이용이 가능합니다.

알아두세요

국제 전화 카드

다양한 국제 전화 카드가 있어서 여행할 때 미리 구입해서 간다면 매우 편리합니다. 구입은 각 전화사나 인터넷을 활용한다면 싸고 유용한 카드를 구입할 수도 있고 통화 당 가격도 비교할 수 있어서 본인에게 유익한 카드를 선택할 수 있습니다. 주의할 점은 한국→외국, 외국→한국으로 전화를 하는 카드가 정해져 있으므로 반드시 확인하고 구입해야 합니다.

사용법은 접속 번호를 누르고 안내 방송에 따라 버튼을 누르면 되는데, 자세한 설명은 카드 뒷면에 자세히 나와 있으므로 잘 알고 활용한다면 저렴하고 편리하게 이용할 수 있습니다.

④ **긴급 전화 번호**

비상시 경찰에 전화할 경우는 공중전화에서 빨간 버튼을 누르고 110번, 화재시나 구급차를 요청할 경우는 119를 누릅니다.

o 주일 한국대사관 : 03 – 3452 – 7611 ~ 9

(휴일 긴급 연락처 : 03 – 3452 – 7617)

o 주일 대한민국 도쿄 영사관 : 03 – 3455 – 2601 ~ 4

o 주일 대한민국 후쿠오카 영사관 : 092 – 771 – 0461 ~ 3

o 재일 한국 거류민단 : 03 – 3454 – 4901

o 한국 관광공사 도쿄지사 : 03 – 3580 – 3941 ~ 2

o 한국 외환은행 도쿄지점 : 03 – 3261 – 3561

4. 파출소(코 – 방, 交番)

역 근처나 번화가의 사거리 등 통행이 많은 곳에 자리잡고 있으며, 우리 나라의 파출소와 비슷하지만 권위적이지 않고 매우 친근합니다. 길을 모를 때도 부담없이 들어가서 묻는다면 친절하게 안내받을 수 있습니다.

9. 여행 때 필요한 관공서

1. 은 행

❶ 환전하고 싶습니다만.

両替したいんですが。
료-가에시따인데스가.

❷ 어떻게 바꿔드릴까요?

どのように 替えましょうか。
도노요-니 카에마쇼-까?

❸ 잔돈도 섞어서 주시겠습니까?

小銭も 混ぜて もらえましょうか。
코제니모 마제떼 모라에마쇼-까?

❹ 여행자 수표를 현금으로 주셨으면 합니다만.

トラベラーズチェックを 現金に して もらいたいんですが。
토라베라-즈첵꾸오 겡낀니 시떼 모라이따인데스가.

❺ 은행은 몇 시까지입니까?

銀行は 何時までですか。
깅꼬-와 난지마데데스까?

❻ 이 카드는 ATM을 이용할 수 있습니까?

このカードは ATMが 使えますか。
코노카-도와 에이티에므가 쯔까에마스까?

❼ 이것을 잔돈으로 바꿔주셨으면 합니다만.

これを 細かくして ほしいんですが。

코레오 코마까꾸시떼 호시인데스가.

. . . .

❽ 수수료는 얼마입니까?

手数料は いくらですか。

테스-료-와 이꾸라데스까?

관련용어

• 환전	両替	료-가에
• 신분증명서	身分証明書	미분쇼-메-쇼
• 비밀번호	暗証番号	안쇼-방고-
• 발행	発行	학꼬-
• 기입	記入	키뉴-
• 인출	引き出し	히끼다시
• 구좌	口座	코-자
• 입금	振り込み	후리꼬미
• 수수료	手数料	테스-료-
• 신청서	申込書	모-시꼬미쇼
• 카드	カード	카-도
• 여행자수표	トラベラーズチェック	토라베라-즈첵꾸

2. 우체국

❶ 우체국은 어디입니까?

郵便局は どこですか。
유−빙꾜꾸와 도꼬데스까?

❷ 우체통은 어디에 있습니까?

郵便ポストは どこに ありますか。
유−빙포스또와 도꼬니 아리마스까?

❸ 우체국은 몇 시부터 몇 시까지입니까?

郵便局は 何時から 何時までですか。
유−빙꾜꾸와 난지까라 난지마데데스까?

❹ 편지(엽서 / 그림엽서)를 부치고 싶습니다만.

てがみ(ハガキ / 絵葉書)を 出したいんですが。
테가미(하가끼 / 에하가끼)오 다시따인데스가.

❺ 엽서(그림엽서)를 사고 싶습니다만.

ハガキ(絵葉書)が ほしいんですが。
하가끼(에하가끼)가 호시인데스가.

❻ 소포(서류)를 보내고 싶습니다만.

小包(書類)を 送りたいんですが。
코즈쯔미(쇼루이)오 오꾸리따인데스가.

❼ 내용물은 무엇입니까?

中身は 何ですか。
나까미와 난데스까?

❽ 책(잡지 / 옷 / 약)입니다.

本(雑誌 / 服 / 薬)です。

혼(잣시 / 후꾸 / 쿠스리)데스.

❾ 무게를 재보겠습니다.

重さを 計って みます。

오모사오 하깟떼 미마스.

❿ 항공편입니까? 선편입니까?

航空便ですか、船便ですか。

코ー꾸ー빈데스까? 후나빈데스까?

⓫ 항공편(선편)으로 부탁합니다.

航空便(船便) で おねがいします。

코ー꾸ー빈(후나빈)데 오네가이시마스.

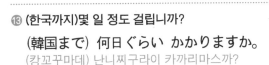

⓬ 한국까지 얼마입니까?

韓国まで いくらですか。

캉꼬꾸마데 이꾸라데스까?

⓭ (한국까지)몇 일 정도 걸립니까?

(韓国まで) 何日 ぐらい かかりますか。

(캉꼬꾸마데) 난니찌구라이 카까리마스까?

⓮ 약 일주일(5일) 정도 걸립니다.

約 一週間(五日間) ぐらい かかります。

야꾸 잇슈ー깡(이쯔쯔깡)구라이 카까리마스.

◀210
211▶

⓯ 이것을 등기(속달)로 부탁합니다.

これを 書留(速達) で おねがいします。

코레오 카끼또메(소꾸타쯔)데 오네가이시마스.

⑯ 등기(속달)는 얼마입니까?

書留(速達)は いくらですか。
카끼또메(소꾸타쯔)와 이꾸라데스까?

⑰ 90엔짜리 우표를 한 장 주세요.

90円の 切手を 一枚 ください。
큐ー쥬ー엔노 킷떼오 이찌마이 쿠다사이

• 우체국	郵便局	유ー빙꾜꾸
• 주소	住所	쥬ー쇼
• 수신인	受取人	우께또리닝
• 발신인	差出人	사시다시닝
• 수신인의 주소와 이름	宛名	아떼나
• 등기	書留	카끼또메
• 속달	速達	소꾸다쯔
• 항공편	航空便	코ー꾸ー빙
• 선편	船便	후나빙
• 우표	切手	킷떼
• 택배	宅配便	타꾸하이빙
• 우편박스	ゆうパック	유·팍꾸
• 우체통	郵便ポスト	유ー빙포스또
• 편지	手紙	테가미
• 편지지	便せん	빈셍
• 봉투	封筒	후ー또ー
• 전보	電報	뎀뽀ー
• 내용물	中身	나까미

3. 전화 <일본 국내 전화>

❶ 공중전화는 어디에 있습니까?

公衆電話は どこに ありますか。
코-슈-뎅와와 도꼬니 아리마스까?

❷ 전화 사용법을 가르쳐 주세요.

電話の使い方を 教えて ください。
뎅와노쯔까이까따오 오시에떼 쿠다사이.

❸ 전화카드는 어디에서 살 수 있습니까?

テレホンカ-ドは どこで 買えますか。
테레홍카-도와 도꼬데 카에마스까?

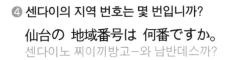

❹ 센다이의 지역 번호는 몇 번입니까?

仙台の 地域番号は 何番ですか。
센다이노 찌이끼방고-와 남반데스까?

❺ 여보세요. ○○○라고 합니다만, △△△ 씨 계십니까?

もしもし, ○○○と 申しますが, △△△さん いらっしゃいますか。
모시모시, ○○○또 모-시마스가, △△△상 이랏샤이마스까?

❻ △△△ 씨를 부탁합니다.

△△△さんを お願いします。
△△△상오 오네가이시마스.

❼ 실례지만, 누구십니까?

失礼ですが、 どちらさまですか。
시쯔레-데스가, 도찌라사마데스까?

⑧ 한국의 김철수라고 합니다만.

韓国の キム チョル ス と 申しますが。

캉꼬꾸노 키무 쵸루 스또 모-시마스가.

⑨ 지금 바꿔드리겠습니다.

今 おかわりします。

이마 오카와리시마스.

⑩ 잠시 기다려 주세요.

少々 お待ちください。

소-쇼- 오마찌쿠다사이.

⑪ △△△는 지금 부재중(외출 중 / 여행 중 / 출장 중)입니다만.

△△△は ただいま 留守(外出中 / 旅行中 / 出張中)ですが。

△△△와 타다이마 루스(가이슈쯔쮸- / 료꼬-쮸- / 슛쬬-쮸-)데스가.

⑫ △△△는 집에 없는데요.

△△△は 出かけて おりますが。

△△△와 데까께떼 오리마스가.

⑬ △△△는 자리에 없습니다만.

△△△は 席を はずして おりますが。

△△△와 세끼오 하즈시떼 오리마스가.

⑭ 몇 시쯤 돌아오십니까?

何時ごろ おもどりに なりますか。

난지고로 오모도리니 나리마스까?

⑮ 6시까지는 돌아올 겁니다만.

6じまでには かえると 思いますが。

로꾸지마데니와 카에루또 오모이마스가.

⓰ 무슨 전언이라도 있습니까?

何か ご伝言でも おありでしょうか。

나니까 고뎅곤데모 오아리데쇼-까?

⓱ 나중에 또 전화하겠습니다.

あとで また お電話します。

아또데 마따 오뎅와시마스.

⓲ ○○○로부터 전화가 왔었다고 전해주세요.

○○○から 電話が あったと お伝えください。

○○○까라 뎅와가 앗따또 오쯔따에쿠다사이.

⓳ 그럼 실례하겠습니다. (전화 끊을 때)

では、失礼します。/ では、ごめんください。

데와, 시쯔레-시마스. / 데와, 고멩쿠다사이.

한용어집			
• 전화번호	電話番号	뎅와방고-
• 공중전화	公衆電話	코-슈-뎅와
• 국제전화	国際電話	콕사이뎅와
• 시내전화	市内電話	시나이뎅와
• 지역번호	地域番号	찌이끼방고-
• 내선	内線	나이셍
• 전화카드	テレホンカ-ド	테레홍카-도
• 휴대전화	携帯電話 =줄여서 케-따이 (携帯라고도 함)	케-따이뎅와

<국제전화>

❶ 국제전화를 걸고 싶은데, 이 전화로 걸 수 있습니까?

国際電話を 掛けたいんですが、 この電話で 掛けられますか。

콕사이뎅와오 카께따인데스가, 코노뎅와데 카께라레마스까?

❷ 이 전화로 한국에 걸 수 있습니까?

この電話で 韓国に 掛けられますか。

코노뎅와데 캉꼬꾸니 카께라레마스까?

❸ 콜렉트콜로 한국에 전화하고 싶습니다만.

コレクトコ-ルで 韓国に 電話したいんですが。

코레꾸또코-루데 캉꼬꾸니 뎅와시따인데스가.

❹ 서울에 연결해 주세요.

ソウルに つないで ください。

소우루니 쯔나이데 쿠다사이.

❺ 전화번호는 02-123-4567입니다.

電話番号は 02-123-4567です。

뎅와방고-와 제로니노 이찌니산노 용고로꾸나나데스.

❻ 전화가 도중에 끊겼습니다.

電話が 途中で 切れました。

뎅와가 토쮸-데 키레마시따.

❼ 다시 한 번 연결해 주세요.

もう 一度 つないで ください。

모- 이찌도 쯔나이데 쿠다사이.

❽ 요금은 수신자 부담으로 해 주세요.

料金は 先方払いに して ください。

료-낑와 셈뽀-바라이니 시떼 쿠다사이.

❾ 요금을 가르쳐 주세요.

料金は いくらですか。

료-낑와 이꾸라데스까?

• 콜렉트콜	コレクトコール	코레꾸또코-루
• 수신자 부담	先方払い	셈뽀-바라이
• 요금	料金	료-낑

알아두세요

부재중일 때의 전화 메시지

● 지금은 부재중입니다.
ただいま 留守に なって おります。
타다이마 루스니 낫떼 오리마스.

● 삐-소리가 난 후에 성함과 전화 번호를 남겨 주세요.
ピ-と 言う 音の あとに お名前と お電話番号を 残して ください。
삐-또 유- 오또노 아또니 오나마에또 오뎅와방고-오 노꼬시떼 쿠다사이.

217▶

4. 파출소

① 잠시 여쭙겠습니다만.

ちょっと おうかがいしますが。

촛또 오우까가이시마스가.

---

② 도와 주세요.

助けて ください。

타스께떼 쿠다사이.

---

③ 길을 잃어버렸습니다.

道に 迷ってしまいました。

미찌니 마욧떼 시마이마시따.

---

④ 여기는 어디입니까?

ここは どこですか。

코꼬와 도꼬데스까?

---

⑤ 조금 천천히 말씀해 주십시오.

もう 少し ゆっくり 話して ください。

모ー 스꼬시 육꾸리 하나시떼 쿠다사이.

---

⑥ ~은 여기에서 멉니까(가깝습니까)?

~は ここから 遠いですか(近いですか)。

~와 코꼬까라 토ー이데스까(치까이데스까)?

---

⑦ 가장 가까운 역은 어디입니까?

最寄りの駅は どこですか。

모요리노 에끼와 도꼬데스까?

❽ ~에 가고 싶은데, 무슨 선을 타면 됩니까?

~へ 行きたいんですが、何線に 乗れば いいんですか。
~에 이끼따인데스가, 나니센니 노레바 이-ㄴ데스까?

---

❾ 거기까지 걸어갈 수 있습니까?

そこまで 歩いて 行けますか。
소꼬마데 아루이떼 이께마스까?

---

❿ 여기에 적어 주세요.

ここに 書いて ください。
코꼬니 카이떼 쿠다사이.

⓫ 여권(지갑)을 잃어버렸습니다.

パスポート(財布)を なくして しまいました。
빠스뽀-또(사이후)오 나꾸시떼 시마이마시따.

⓬ 어디에서 잃어버리셨습니까?

どこで なくしましたか。
도꼬데 나꾸시마시따까?

⓭ 어디에서 잃어버렸는지 잘 모르겠습니다.

どこで なくしたか よく わかりません。
도꼬데 나꾸시따까 요꾸 와까리마셍.

여행 일본어
한 권으로
끝내자

여행 일본어 한 권으로 끝내자

10. 사 고

사 고

1. 길을 잃었을 때

가장 가까이에 있는 코-방(파출소)
을 이용하면 친절한 서비스를 받을
수 있으며, 지나가는 행인에게 물어도
친절하게 안내를 받을 수 있을 것입
니다.

2. 분 실

① 여권 분실

현지 경찰서로 가서 분실(도난) 증명 확인서를 발급받은 다
음 일본 출입국 사무소에서 입국 확인서를 받아 한국 대사관이

나 영사관에서 재발급 신청을
해야 합니다. 여권 번호와 발행
연월일을 신고해야 하므로 미
리 수첩에 메모해 두세요.

〈여권 분실시 연락처 전화 번호〉

o 주일 한국대사관 03 - 3452 - 7611 ~ 9

o 한국 대사관 영사부 03 - 3455 - 2601

o 일본 출입국 관리소 도쿄(東京) 03 - 3213 - 8111

오사카(大阪) 06 - 941 - 0771

후쿠오카(福岡) 092 - 281 - 7431

o 일본 경찰 110

② 항공권 분실

분실 즉시 현지 해당 항공사 사무실로 가서 분실 사유서를 작성하고 항공권 구입 여행사명, 전화 번호, 가격 등을 기록해야 하므로 복사를 해서 별도로 보관해 두거나 수첩에 메모를 해 두면 만일의 경우를 대비할 수 있습니다. 현지 항공사에서는 발행한 여행사에 확인 후 재발급해 줍니다.

〈일본에 있는 각 항공사 사무실 전화번호〉

o 대한항공(KE)

　　0476 - 32 - 7561(나리타)　03 - 5443 - 3351(동경)

　　06 - 6263 - 8885(오사카)　092 - 441 - 3390(후쿠오카)

o 아시아나항공(OZ)

　　03 - 3582 - 6600(동경, 무료)　06 - 6282 - 1888(오사카)

　　022 - 265 - 0022(후쿠오카)

o 노스웨스트(NW)

　　0476 - 32 - 7411(나리타)　03 - 3533 - 6000(동경)

o 유나이티드(UA)

　　03 - 3817 - 4411(동경, 무료)　0476 - 33 - 8030(나리타)

o 일본항공(JL)

　　0120 - 25 - 6660(한국어 서비스)

　　핸드폰 이용 03 - 5460 - 4466(한국어)

o 에어 제팬 (NQ)

　　0120 - 029 - 120(전역)　03 - 5435 - 0333(동경)

o 전일본공수(NH)

　　03 - 5435 - 0333(동경, 무료)　06 - 6541 - 7788(오사카)

③ 여행자 수표 분실

REFUND CLAIM 사무소나 경찰서에 분실 신고(분실 경위, 장소, 수표 번호)를 한 다음 분실 증명서를 발급받습니다. 여행자 수표의 일련 번호를 알고 있으면, 사용하지 않은 수표는 재발급받을 수 있습니다. 현지의 발행 은행 지점에 분실 신고한 다음, 사용하지 않은 수표의 일련 번호와 수표 구입 때 받아둔 영수증을 제시하면 재발급받을 수 있습니다. 여행 전에 수첩에 은행의 현지 지점 전화 번호와 여행자 수표의 일련 번호를 메모해 두고 그 영수증은 별도로 보관하여 만일의 경우를 대비하도록 합니다.

〈주요 은행 일본 지점〉

o 외환은행 도쿄 지점   03 - 3216 - 3561
　　　　　 오사카 지점   06 - 6630 - 2600
o 신한은행 도쿄 지점   03 - 3578 - 9321
　　　　　 오사카 지점   06 - 6243 - 2341
　　　　 후쿠오카 지점   09 - 2724 - 7004
o 국민은행 도쿄 지점   03 - 3201 - 3411
o 조흥은행 도쿄 지점   03 - 3595 - 1341
o 우리은행 도쿄 지점   03 - 3589 - 2351
o 제일은행 도쿄 지점   03 - 3201 - 6261
o 하나은행 도쿄 지점   03-3213-0901~2

④ JR패스 분실

재발급이 되지 않으므로 분실하지 않도록 주의해야 합니다.

3. 도 난

경찰에 도난 신고를 한 뒤 도난 증명서를 발급받아 보험회사에 제출하면 여행자보험에 가입했을 경우, 보상 범위 내에서 보상받을 수 있습니다.

단, 현금, 항공권, JR패스 등은 제외됩니다.

4. 교통 사고

우선 경찰에 신고하고, 경찰서에서 사고 증명서를 작성한 후, 반드시 복사해 두었다가 만일의 경우를 대비합니다.

사고 증명서는 보험을 청구할 때 필요합니다.

5. 한국어가 가능한 일본 내 대학 병원

지역	병원명	전화번호
도쿄	도쿄대학병원	03 – 3815 – 5411
	도쿄의과 치과대학 병원	03 – 3813 – 6111
교토	교토대학병원	075 – 751 – 3111
후쿠오카	큐슈대학병원	092 – 641 – 1151
나고야	나고야대학병원	052 – 741 – 2111
히로시마	히로시마대학병원	082 – 257 – 5555
센다이	토호쿠대학병원	022 – 717 – 7000
홋카이도	홋카이도대학병원	011 – 716 – 1161
오키나와	류큐대학병원	098 – 895 – 3331

6. 약국에서

　일본의 약국은 약만 파는 것이 아니라, 화장품이나 토산품 등도 팔고 있습니다. 그러나 약값이 비싼 편이므로 여행 때 간단한 상비약은 준비해 가는 것이 좋습니다.

10. 사고

1. 길을 잃었을 때

❶ 길을 잃어버렸습니다.

道に 迷ってしまいました。

미찌니 마욧떼 시마이마시따.

❷ 파출소는 어디에 있습니까?

交番は どこに ありますか。

코-방와 도꼬니 아리마스까.

❸ 우에노공원을 찾고 있습니다만.

上野公園を 訪ねたいんですが。

우에노코-엥오 타즈네따인데스가.

❹ 동경역에 가고 싶습니다만, 어떻게 가면 좋을까요?

東京駅に 行きたいんですが、 どう 行ったら いいですか。

토-꾜-에끼니 이끼따인데스가, 도- 잇따라 이-데스까.

❺ 이 근처에 (사쿠라 은행)이 있습니까?

この辺に (さくら銀行)が ありますか。

코노헨니 (사꾸라깅꼬-)가 아리마스까.

(요도바시카메라 / 신주쿠 역)

(ヨドバシカメラ/ 新宿駅)

(요도바시카메라 / 신쥬꾸에끼)

2. 분 실

❶ 여권과 항공권을 잃어버렸습니다.

パスポ-トと 航空券を なくして しまいました。
파스뽀-또또 코-꾸-껭오 나꾸시떼 시마이마시따.

❷ (지갑)을 잃어버렸습니다.

(財布)を なくして しまいました。
(사이후)오 나꾸시떼 시마이마시따.

(JR패스 / 신용 카드 / 여행자 수표)

(JRパス / クレジットカ-ド / トラベラ-ズチェック)
(제이아-루파스 / 쿠레짓또카-도 / 토라베라-즈첵꾸)

❸ 파출소(경찰 / 유실물관리소)는 어디입니까?

交番(警察 / 遺失物の係)は どこですか。
코-방(케-사쯔 / 이시쯔부쯔노 카까리)와 도꼬데스까.

❹ 어디서 잃어버렸습니까?

どこで なくしたんですか。
도꼬데 나꾸시딴데스까.

❺ (그것을 잘) 모르겠습니다.

(それが よく) わかりません。
(소레가 요꾸) 와까리마셍.

❻ 택시(전철 / 지하철)에 가방을 놓고 내려 버렸습니다.

タクシ-(電車 / 地下鉄)に かばんを 置き忘れて しまいました。
타꾸시- (덴샤 / 치까떼쯔)니 카방오 오끼와스레떼 시마이마시따.

❼ 잃어버린 물건의 특징을 말씀해 주세요.

忘れ物の特徴を はなして ください。

와스레모노노 토꾸쬬ー오 하나시떼 쿠다사이.

❽ 검정(갈색) 지갑입니다. / 작은 빨간 가방입니다.

黒の(茶色の) 財布です。/ 小さい 赤のかばんです。

쿠로노(챠이로노) 사이후데스. / 찌ー사이 아까노 카방데스.

❾ 경찰에 여권 분실 신고하고 싶습니다만.

警察に パスポ-ト紛失届けを だしたいんですが。

케ー사쯔니 파스뽀ー또 훈시쯔토도께오 다시따인데스가.

어떻게 하면 좋을까요?

どうしたら いいでしょうか。

도ー시따라 이ー데쇼ー까.

❿ (한국 대사관)에 가는 길을 가르쳐 주시겠습니까?

(韓国大使館)に 行く 道を おしえて くださいませんか。

(캉꼬꾸따이시깐)니 이꾸 미찌오 오시에떼 쿠다사이마셍까.

(한국 영사관)

(韓国領事館)

(캉꼬꾸료ー지깐)

⓫ 여권을 분실해서 재발급을 받고 싶습니다만.

パスポ-トを なくして再発行をしてもらいたいんですが。

파스뽀ー또오 나꾸시떼 사이학꼬ー오 시떼 모라이따인데스가.

⓬ 분실 증명 확인서는 가지고 계십니까?

紛失証明確認書は お持ちでしょうか。

훈시쯔쇼ー메ー카꾸닌쇼와 오모찌데쇼ー까.

⑬ 재발급에 몇 일 정도 걸립니까?

再発行に 何日ぐらい かかりますか。

사이학꼬-니 난니찌구라이 카까리마스까.

⑭ 신분 증명서를 가지고 계십니까?

身分証明書を お持ちでしょうか。

미분쇼-메-쇼오 오모찌데쇼-까.

⑮ 신용 카드 번호는 *********입니다.

クレジットカ-ドナンバ-は*******です。**

쿠레짓또카-도남바-와 *********데스.

⑯ (신용) 카드를 사용 정지시켜 주세요.

(クレジット)カ-ドを 中止させて ください。

(쿠레짓또)카-도오 츄-시사세떼 쿠다사이.

⑰ 여행자 수표 번호를 알고 계십니까?

トラベラ-ズチェックナンバ-を ご存じですか。

토라베라-즈첵꾸남바-오 고존지데스까.

⑱ 번호는 *****에서 ******까지입니다.

番号は *****から****までです。**

방고-와 *****까라 ******마데데스.

⑲ 여행자 수표 영수증을 갖고 계십니까?

トラベラ-ズチェックの 領収証を お持ちですか。

토라베라-즈첵꾸노 료-슈-쇼-오 오모찌데스까.

⑳ 가지고 계시면 보여 주세요.

お持ちでしたら 見せて ください。

오모찌데시따라 미세떼 쿠다사이.

3. 도 난

① 지갑을 도둑맞았습니다.

財布を 盗まれて しまいました。
사이후오 누스마레떼 시마이마시따.

② 전철 안에서 소매치기당했습니다.

電車のなかで すられたんです。
덴샤노나까데 스라레딴데스.

③ 길에서 날치기당했습니다.

道で 引ったくられたんです。
미찌데 힛따꾸라레딴데스.

④ 경찰을 불러 주세요.

警察を 呼んで ください。
케-사쯔오 욘데 쿠다사이.

⑤ 파출소(경찰)는 어디입니까?

交番(警察)は どちらですか。
코-방(케-사쯔)와 도찌라데스까.

⑥ 도난 신고를 내고 싶습니다만.

盗難届けを 出したいんですが。
토-난토도께오 다시따인데스가.

⑦ 도난 증명서를 받고 싶습니다만.

盗難証明書を もらいたいんですが。
토-난쇼-메-쇼오 모라이따인데스가.

4. 교통 사고

❶ 교통 사고입니다.

　交通事故です。
　코-쯔-지꼬데스.

❷ 경찰(구급차 / 의사)을 불러 주세요.

　警察(救急車 / 医者)を 呼んでください。
　케-사쯔(큐-뀨-샤/ 이샤)오 욘데 쿠다사이.

❸ 괜찮습니까?

　大丈夫ですか。
　다이쬬-부데스까.

❹ 네, 괜찮습니다.

　はい、大丈夫です。
　하이, 다이쬬-부데스.

❺ 차에 치였습니다.

　車に ひかれました。
　쿠루마니 히까레마시따.

❻ 교통사고(충돌사고)를 당했습니다.

　交通事故(衝突事故)に あいました。
　코-쯔-지꼬(쇼-또쯔지꼬)니 아이마시따.

❼ 부상자가 있습니다.

　けが人が います。
　케가닝가 이마스.

⑧ 신속히 해주세요.

急いで ください。

이소이데 쿠다사이.

⑨ 진단서를 써 주세요.

診断書を 書いて ください。

신단쇼오 카이떼 쿠다사이.

⑩ 사고 증명서를 복사해 주셨으면 합니다만.

事故証明書を コピ-して もらいたいんですが。

지꼬쇼-메-쇼오 코삐-시떼 모라이따인데스가.

5. 병원에서

❶ 몸이 아픕니다.

体の 具合いが 悪いんです。
카라다노 구아이가 와루인데스.

❷ 열이 있습니다.

熱が あります。
네쯔가 아리마스.

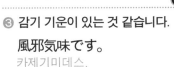

❸ 감기 기운이 있는 것 같습니다.

風邪気味です。
카제기미데스.

❹ 감기가 든 것 같습니다.

風邪を ひいたようです。
카제오 히이따요-데스.

❺ 현기증이 납니다.

めまいが します。
메마이가 시마스.

❻ 머리(목 / 배 / 이)가 아픕니다.

頭(喉 / お腹/ 歯)が いたいんです。
아따마(노도 / 오나까 / 하)가 이따인데스.

❼ 두통이 납니다.

頭痛が します。
즈쯔-가 시마스.

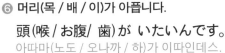

⑧ 목이 부었습니다.

喉が はれて います。
노도가 하레떼 이마스.

⑨ 코가 막혔습니다.

鼻が 詰まって います。
하나가 쯔맛떼 이마스.

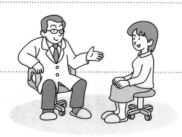

⑩ 콧물이 납니다.

鼻水が でます。
하나미즈가 데마스.

⑪ 기침이 심합니다. / 기침이 멈추지 않습니다.

せきが ひどいんです。 / せきが とまらないんです。
세끼가 히도인데스. / 세끼가 토마라나인데스.

⑫ 가렵습니다.

かゆいんです。
카유인데스.

⑬ 재채기가 납니다.

くしゃみが でます。
쿠샤미가 데마스.

⑭ 한기가 듭니다.

寒気が します。
사무께가 시마스.

⑮ 몸이 나른합니다.

体が だるいんです。
카라다가 다루인데스.

⑯ 식욕이 없습니다.

食欲が ありません。

쇼꾸요꾸가 아리마셍.

⑰ 식중독인 것 같습니다.

食あたりのようです。

쇼꾸아따리노 요―데스.

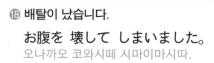

⑱ 배탈이 났습니다.

お腹を 壊して しまいました。

오나까오 코와시떼 시마이마시따.

⑲ 구토가 납니다.

吐気が します。

하끼께가 시마스.

⑳ 설사를 합니다.

下痢を します。

게리오 시마스.

㉑ 잠을 잘 자지 못합니다.

よく 眠れません。

요꾸 네무레마셍.

㉒ 다리를 삔 것 같습니다.

足を くじいたようです。

아시오 쿠지―따요―데스.

㉓ 화상을 입었습니다(데었습니다).

やけどを しました。

야께도오 시마시따.

㉔ 여행을 계속해도 되겠습니까?

旅行を 続けても いいですか。
료꼬−오 쯔즈께떼모 이−데스까.

㉕ 진단서를 써 주세요.

診断書を 書いて ください。
신단쇼오 카이떼 쿠다사이.

의사	医者	이샤
간호사님	看護婦さん	캉고후상
주사	注射	쮸−샤
내과	内科	나이까
외과	外科	게까
치과	歯科	시까
이비인후과	耳鼻科	지비까
정형외과	整形外科	세−께−게까
안과	眼科	강까

몸	体	카라다	손	手	테
머리	頭	아따마	손목	手首	테꾸비
얼굴	顔	카오	팔꿈치	肘	히지
이마	額	히따이	가슴	胸	무네
코	鼻	하나	배	お腹	오나까
눈	目	메	등	背中	세나까
입	口	쿠찌	허리	腰	코시
귀	耳	미미	다리	脚	아시
목	喉	노도	발	足	아시
어깨	肩	카따	무릎	膝	히자
팔	腕	우데			

6. 약국에서

❶ (밴드)를 주세요.

(バンドエイド)を ください。
(반도에이도)오 쿠다사이.

(소화제 / 붕대 / 진통제 / 감기약)

(消化剤 / 包帯 / 鎮痛剤 / 風邪薬)
(쇼-까자이 / 호-따이 / 친쯔-자이 / 카제구스리)

❷ 식전(식후)에 복용해 주세요.

食前(食後)に 飲んで ください。
쇼꾸젠(쇼꾸고)니 논데 쿠다사이.

❸ 식후 30분 후에 복용해 주세요.

食後 30分に 飲んで ください。
쇼꾸고 산쥼뿐니 논데 쿠다사이.

❹ 이 처방전 약을 주세요.

この処方せんの 薬を ください。
코노 쇼호-센노 쿠스리오 쿠다사이.

❺ 하루에 몇 번 복용하면 됩니까?

一日 何回 飲んだら いいですか。
이찌니찌 낭까이 논다라 이-데스까.

여행 일본어
한 권으로
끝내자

여행 °일본어 한 권으로 끝내자

1. 항공권 예약 확인 및 변경

2. 탑승 수속

11. 귀국 준비

귀국 준비

1. 항공권 예약 확인

즐거운 여행을 마치고 귀국 준비를 하려면 우선 비행기 출발 72시간 전에는 예약 재확인을 해야 합니다. 만약 재확인을 하지 않았을 때는 취소되는 경우도 있으므로 주의하며, 일정이 짧은 여행이라면 공항에 도착해서 귀국 비행기의 예약 재확인을 해두는 것도 한 방법입니다.

그 다음은 짐 정리로 귀국 때 개인 휴대 용량(20 kg)을 초과하지 않아야 하고, 선물이나 토산품 등은 한 곳에 모아 짐 정리를 해두면 세관 검사나 통관 검사 때 편리합니다.

여권, 항공권(승선권), 현금 등과 같은 것은 별도로 몸에 소지하여 손쉽게 꺼낼 수 있도록 합니다.

여행 후 남은 주화는 지폐로 환전해서 가지고 돌아오는 것이 좋습니다.

귀국 당일 마지막 목적지에서 공항이나 항구와의 거리, 비용, 걸리는 시간, 교통편 등을 미리 파악하여 여유있게 귀국 준비를 한다면 아름다운 여행의 즐거움이 고스란히 마음 속에 남아 있을 것입니다.

〈일본에서 예약 재확인 전화 번호〉

ㅇ 대한항공(KE)

　　0476 - 32 - 7561(나리타)　03 - 5443 - 3351(동경)

　　06 - 6263 - 8885(오사카)　092 - 441 - 3390(후쿠오카)

ㅇ 아시아나항공(OZ)

　　03 - 3582 - 6600(동경, 무료)　06 - 6282 - 1888(오사카)

　　022 - 265 - 0022(후쿠오카)

ㅇ 노스웨스트(NW)

　　0476 - 32 - 7411(나리타)　03 - 3533 - 6000(동경)

ㅇ 유나이티드(UA)

　　03 - 3817 - 4411(동경, 무료)　0476 - 33 - 8030(나리타)

ㅇ 일본항공(JL)

　　0120 - 25 - 6660(한국어 서비스)

　　핸드폰 이용 03 - 5460 - 4466(한국어)

ㅇ 에어 제팬(NQ)

　　0120 - 029 - 120(전역)　03 - 5435 - 0333(동경)

ㅇ 전일본공수(NH)

　　03 - 5435 - 0333(동경, 무료)　06 - 6541 - 7788(오사카)

2. 일본 출국

① 비행기를 이용한 일본 출국

비행기 출발 2시간 전에 공항에 도착해서 탑승 체크인 → 수하물검사 → 세관 수속 → 출국 심사 → 탑승(출발 30분 전) 순이며, 항공사 카운터에 가서 수하물 X선 검사를 마치고 짐을 부치고 탑승권을 받습니다. 세관 신고할 물건이 있을 경우 세관 신고하면 출국 수속은 끝나며, 출국 게이트로 가서 소지품 검사를 받고 출국 심사대에서 심사를 받은 다음 느긋하게 탑승 대기하다가 비행기에 탑승하면 됩니다.

나리타 공항의 공항세는 항공권에 포함되어 있지만, 간사이 국제공항(2,650엔), 후쿠오카 공항(950엔) 등은 공항세를 별도로 내야 합니다.

② 선편을 이용한 일본 출국

선편을 이용한 출국도 항공편과 마찬가지로 출발 2시간 전까지는 여객터미널에 도착하도록 합니다. 승선 카드를 작성하고 한국에서 출국할 때와 같은 절차를 통해 배에 오릅니다. 항구세는 시모노세키 항이 600엔, 후쿠오카 항이 400엔입니다.

3. 한국에 입국

입국 절차는 입국 심사→수화물 찾기→세관 검사 순이며, 기내에서 입국 신고서와 여행자 휴대품 신고서(세관 신고 물품이 있을 경우)를 작성하여 공항에 도착한 다음 내국인 입국 심사대로 가서 여권, 입국 신고서를 제시하면 입국 심사가 끝납니다. 그 다음 엑스레이 검색대를 통과하고 1층 수화물이 도착하는 곳으로 내려와서 타고 온 편명이 적힌 수화물 수취대에서 짐을 찾습니다. 세관 신고를 해야 하는 경우는 세관 심사대에서 '여행자 휴대품 신고서'를 제출하고, 세관 신고 물품이 없는 경우는 그대로 통과하면 됩니다.

11. 귀국 준비

1. 항공권 예약 확인 및 변경

❶ 예약을 확인하고 싶습니다만.

予約を 確認したいんですが。

요야꾸오 카꾸닌시따인데스가.

❷ 이름은 ○○○이고, 내일 오전 10시 서울행 KE707편입니다.

名前は ○○○で あした 午前 10時 ソウル行 KE 707便です。

나마에와 ○○○이고, 아시따 고젠 쥬-지 소우루유끼 케이이 나나제로나나빈데스.

❸ 예약 확인이 되셨습니다.

予約の 確認が できました。

요야꾸노 카꾸닝가 데끼마시따.

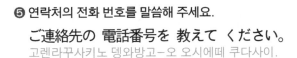

❹ 본인입니까?

ご本人ですか。

고혼닌데스까.

❺ 연락처의 전화 번호를 말씀해 주세요.

ご連絡先の 電話番号を 教えて ください。

고렌라꾸사키노 뎅와방고-오 오시에떼 쿠다사이.

❻ 예약을 변경하고 싶습니다만.

予約を 変更したいんですが。

요야꾸오 헹꼬-시따인데스가.

❼ 성함과 비행기편을 말씀해 주세요.

お名前と フライトナンバ-を どうぞ。
오나마에또 후라이또 남바-오 도-조.

❽ 토요일 16시 비행기로 변경하고 싶습니다.

土曜日 16時の 飛行機に 変更したいです。
도요-비 쥬-로꾸지노 히꼬-끼니 헹꼬-시따이데스.

❾ 바빠서 그런데요, 대기자는 가능합니까?

急いで いるんですが、キャンセル待ちは できますか。
이소이데 이룬데스가, 캰세루마찌와 데끼마스까.

❿ 예약을 취소하고 싶습니다만.

予約を キャンセルしたいんですが。
요야꾸오 캰세루시따인데스가.

⓫ 출발 2시간 전까지는 도착하도록 해 주세요.

出発の 2時間 前までには 到着するよう おねがいします。
슙빠쯔노 니지깐 마에마데니와 토-쨔꾸스루요- 오네가이시마스.

2. 탑승 수속

① 탑승 수속은 어디에서 합니까?

搭乗手続きは どこで しますか。
토-죠-테쯔즈끼와 도꼬데 시마스까.

② KAL(JAL) 카운터는 어디입니까?

KAL(JAL) カウンタ-は どこですか。
카루(자루)카운따-와 도꼬데스까.

③ 저기입니다.

あそこです。
아소꼬데스.

④ 휴대품 보관소는 어디에 있습니까?

手荷物預かり所は どこに ありますか。
테니모쯔아즈까리쇼와 도꼬니 아리마스까.

⑤ 이 짐(여행 가방)을 맡기고 싶습니다만.

この 荷物(ス-ツケ-ス)を 預けたいんですが。
코노 니모쯔(스-쯔케-스)오 아즈께따인데스가.

⑥ 서울에 몇 시에 도착합니까?

ソウルに 何時に つきますか。
소우루니 난지니 쯔끼마스까.

⑦ 몇 시부터 탑승 가능합니까?

何時から 搭乗できますか。
난지까라 토-죠-데끼마스까.

⑧ 탑승 게이트는 어디입니까?

搭乗ゲ-トは どこですか。
토-죠-게-또와 도꼬데스까.

⑨ 14시 반(30분) 출발 비행기인데요, 늦지 않았습니까?

十四時 半(三十分) 出発の 飛行機ですが、間に合いますか。
쥬-요지 항(산쥽 뿡) 슙빠쯔노 히꼬-끼데스가, 마니아이마스까.

⑩ 네, 아직 괜찮습니다.

はい、まだ 間に合います。
하이, 마다 마니아이마스.

⑪ 항공권과 여권을 보여 주세요.

航空券と パスポ-トを 見せて ください。
코-꾸-껜또 빠스뽀-또오 미세떼 쿠다사이.

⑫ 짐은 이것뿐입니까?

お荷物は これだけですか。
오니모쯔와 코레다께데스까.

⑬ 24번 게이트에서 탑승해 주세요.

24番 ゲ-トで 搭乗して ください。
니쥬-욤방 게-또데 토-죠-시떼 쿠다사이.

⑭ 네, 감사합니다.

はい、どうも(ありがとうございます)。
하이, 도-모(아리가또-고자이마스).

⑮ 짐은 몇 킬로까지입니까?

荷物は なんキロまでですか。
니모쯔와 낭끼로마데데스까.

귀국 후

귀국 후엔 일본에서 신세졌던 사람에게 서신이나 e-mail을 통하여 답례 인사를 합니다.

일본어로 답례 인사를 하면 받는 쪽에서 한결 기뻐할 수 있으므로, 예문을 참조하여 엽서나 e-mail을 띄워 보세요.

예문 1) 민박집 주인에게

○○○ 씨, 안녕하세요!

이번에 대단히 신세를 졌습니다.

일반 호텔에서는 경험할 수 없는 일본 문화를 접할 수 있었습니다.

가족처럼 따뜻하게 대해 주셔서 감사합니다.

식사도 매우 맛있었습니다.

덕분에 즐겁고 유익한 여행을 할 수 있었습니다.

다음에 또 일본에 가고 싶은데, 그 때도 잘 부탁합니다.

가족분들께도 안부 전해 주세요.

그럼 안녕히 계세요.

○○○ さん お元気ですか。
○○○상 오겡끼데스까?

この度はたいへんお世話になりました。
코노타비와 타이헹 오세와니 나리마시따.

一般のホテルでは 経験できない日本の文化に接することが
できました。
입빤노 호테루데와 케-껜데끼나이 니혼노 붕까니 셋스루코또가 데끼마
시따.

家族同様暖かくしてくれましてありがとうございます。
카조꾸도-요- 아따따까꾸 시떼 쿠레마시떼 아리가또-고자이마스.

食事もたいへんおいしかったです。
쇼꾸지모 타이헹 오이시깟따데스.

おかげさまで楽しくて有益な旅行ができました。
오까게사마데 타노시꾸떼 유-에끼나 료꼬-가 데끼마시따.

またぜひ日本に行きたいと思いますので、そのときもどうぞ
よろしく。
마따 제히 니혼니 이끼따이또 오모이마스노데, 소노토끼모 도-조 요로시꾸.

ご家族にもよろしくお伝えください。
고카조꾸니모 요로시꾸 오츠따에 쿠다사이.

では、お元気で。さよなら。
데와, 오겡끼데. 사요나라.

252

예문 2) 우연히 도움을 받은 사람에게

○○○ 씨, 안녕하세요.

<지명>에서 만난 △△△입니다.

그 때는 매우 도움이 되었습니다.

아주 친절하게 해 주셔서 감사합니다.

덕분에 즐거운 여행이 되었습니다.

일본인의 친절함은 자주 들었지만, 정말로 감동했습니다.

저도 이제부터는 외국인을 만나면 친절하게 대해 주려고 합니다.

○○○ 씨도 한국에 꼭 놀러 오세요.

이번에는 제가 안내해 드리겠습니다.

기다릴게요. 안녕히 계세요.

○○○さん、お元気ですか。
○○○상, 오겡끼데스까?

＜地名＞でお会いした△△△です。
〈 〉데 오아이시따 △△△데스.

そのときはたいへん助けてもらいました。
소노토끼와 타이헹 타스께떼 모라이마시따.

とても親切にしてくれてありがとうございます。
토떼모 신세쯔니 시떼 쿠레떼 아리가또－고자이마스.

おかげさまで楽しい旅行になりました。
오카게사마데 타노시－ 료꼬－니 나리마시따.

日本人の親切さはよく聞いていましたが、
本当に感動しました。
니혼진노 신세쯔사와 요꾸 키이떼 이마시따가, 혼또－니 칸도－시마시따.

私もこれからは外国人に会うと親切にしてあげようと
思います。
와따시모 코레까라와 가이꼬꾸진니 아우또 신세쯔니 시떼 아게요－또 오
모이마스.

○○○さんもぜひ韓国に遊びに来てください。
○○○삼모 제히 캉꼬꾸니 아소비니 키떼 쿠다사이.

今度は私がご案内します。
콘도와 와따시가 고안나이시마스.

お待ちしています。
오마찌시떼 이마스.

さようなら。
사요－나라.

여행 일본어

한 권으로
끝내자

여행일본어 한 권으로 끝내자

 부 록

1. 테마 파크

1. 도쿄 디즈니리조트

개원 20주년의 도쿄 디즈니랜드와 2003년 9월로 2주년을 맞이한 디즈니시티를 마음껏 즐겨 보세요.

2003년 9월 1일부터 입장권의 인터넷 판매가 개시되어 7일부터 2개월 후까지 날짜를 지정하여 구입할 수 있습니다.

홈페이지는 www.tokyodisneyresort.co.jp

〈도쿄 디즈니랜드〉

o JR 마이하마(舞浜)역에서 내리면 바로 도쿄 디즈니랜드로 갈 수 있습니다.

o 디즈니 만화영화에서 바로 튀어나온 듯한 캐릭터들과 볼거리로 하루가 모자랄 정도입니다. 안내 팜플릿을 보고 계획대로 움직이지 않으면 아쉬움을 남길 수도…. 특히 미키와의 기념 촬영이 가능한 미키의 집은 늘 장사진을 이룹니다.

퍼레이드도 절대 놓치지 마세요. 약 200명이 40분에 걸쳐 펼치는 이 퍼레이드는 관람객의 눈길을 끌기에 부족함이 없습니다. 스페이스 플레이스 푸드포트 부근에서 미키의 행렬이 멈췄다가 가므로 약 1시간 전부터 그 곳의 자리 쟁탈전이 치열합니다. 또한 100만 개의 전구가 빛을 발하는 밤의 퍼레이드도 환상적입니다.

'톰소여의 모험' '비바 형제의 카누 탐험'은 계절에 따라 종료 시간이 다르므로 타고 싶을 경우 는 미리 확인하여 두는 것이 좋습니다.

2004년 4월 15일에 토이스토리를 테마로 한 새로운 어트랙션(버즈 라이트이어스)이 오픈했습니다.

〈도쿄 디즈니시티〉

o JR 마이하마 역에서 내려 디즈니 리조트라인을 타고 디
  즈니시티에서 내립니다. 이 버스는 창문에 미키 마우스
  얼굴 모양이 장식되어 있어 금방 알 수 있습니다.

o 도쿄 디즈니시티는 바다를 주제로 한 7개의 테마포트로
  구성되어, 입구에 '디즈니시 아쿠아스피어'라는 조형물이
  설치되어 있는데, 이는 물의 혹성인 지구를 상징하는 것
  입니다.

디즈니시티의 중앙에 위치한 미스테리어스 아일랜드는 다른
테마포트와 길이 모두 연결되어 있으므로 혹시 길을 잃으면 이
곳으로 와서 이동하는 것이 좋습니다. 또한 멀리 떨어진 테마포
트로의 이동은 '디즈니시 트랜지트 스티머 라인' 등의 배, 전차,
차 등의 어트랙션을 편리하게 활용해 보세요.

도쿄 디즈니시티도
디즈니랜드와 마찬가지
로 한낮의 퍼레이드를
펼칩니다. 밤에는 불꽃
놀이와 분수 쇼가 일품
입니다.

2. 유니버설 스튜디오 재팬

헐리우드, 플로리다에 이어 오사카에 만들어진 영화 테마파크입니다.

o 홈페이지 www.usj.co.jp

o JR 오사카 역에서 유메사쿠센 (夢桜線)으로 갈아타고 유니버설시티역에서 내려 도보로 2~3분이면 정문까지 갈 수 있습니다.

o 쥬라기공원, 죠스, 터미네이터, ET, 스누피 등 영화를 테마로 한 9개의 구역으로 나뉘어 있습니다. 관람 요령은 우선 입장할 때 입구에서 당일 쇼 어트랙션의 시간표를 구해 스케줄을 짜는 것이 좋습니다.

유니버설 스튜디오에서는 물이 튀는 어트랙션이 여러 곳 있어 비옷이 필수인데, 자동 판매기에서 일회용 비옷을 200엔에 판매하고 있습니다. 특히 스턴트맨들이 직접 연기하는 워터월드

공연에서 앞자리에 잘못 앉았다가는 물벼락을 맞을 각오를 해야 합니다.

3. 하우스텐보스

나가사키현(長崎県) 사세보시(佐世保市)의 하우스텐보스는 17세기의 네덜란드의 거리를 그대로 만들어 놓은 테마파크입니다.

o 하카타(博多)역에서 특급 '하우스텐보스'로 약 1시간 40분, 나가사키(長崎)역에서 쾌속 '시사이드라이너'로 약 1시간 30분이면 하우스텐보스역에 도착하여 도보 5분.

o 하우스텐보스는 11곳으로 나뉘어진 거리에 볼거리와 이벤트가 가득합니다. 열기구를 타고 120 m 상공을 날아 보기도 하고, 자그마치 1,500여 개의 테디베어가 전시된 테디베어 뮤지엄, 18~20세기에 만들어진 유럽의 오르골과 오르간 소리를 들을 수 있는 오르골판타지아, 105 m 높이의 고딕 양식의 종루(鐘楼) 전망대 등을 즐길 수 있습니다.

2월 초~4월 말에의 튤립 축제, 섬머카니발의 불꽃놀이와 크리스마스 전후의 화려한 일루미네이션도 장관입니다.

4. 스페이스 월드

북 큐슈(北九州)를 대표하는 우주 체험 테마 파크.

o 입장료 : 프리패스(스페이스 기기 체험 제외) 3,800엔
o 오쿠라(小倉)역에서 가고시마 본선을 타고 스페이스월드
  역에서 하차.

실물 크기의 스페이스 셔틀이 있는 스페이스 월드는 우주를
테마로 한 어트랙션, 상가, 레스토랑이 즐비합니다. 세계 최대급
의 롤러코스터인 '타이탄', '비너스' 이외에, NASA와 똑같은
트레이닝 장치를 사용한 '스페이스 캠프'에서 우주 비행사 훈련
에 도전하거나 우주 여행 체험 등을 할 수 있어 우리 나라 중·
고등학교에서도 단체 관람을 많이 가는 곳입니다.

2. 공짜로 즐기는 도쿄

물가가 비싸기로 유명한 일본, 그것도 도쿄의 입장료 무료인 알뜰 여행 코스.

1. NHK 방송 박물관

- o 지하철 히비야(日比谷)선 카미야초 (神谷町)역 3번 출구에서 도보 5분.
- o 일본의 공영방송인 NHK에서 방영 된 영상을 비롯하여 방송에 관한 귀 중한 자료가 즐비한 박물관.

2. 스모 박물관(相撲博物館)

- o JR 소부(総武)선 료코쿠(両国)역에서 도보 2분.
- o 스모에 관한 모든 자료를 모아 놓은 박물관. 약 3,700점 에 달하는 에도시대의 니시키에(錦画, 스모판화)를 비롯해 스모인형이나 스모 시합 때 사용되는 물건 등이 엄청나게 전시되어 있습니다.

3. 맥도널드 뮤지엄(マクドナルドミュージアム)

   o JR 야마테(山手)선 신쥬쿠(新宿)역 서쪽 출구에서 도보 약 10분.

   o 너무나도 유명한 햄버거 맥도널드의 박물관. 햄버거의 루트와 일본에서의 맥도널드의 역사를 연표와 영상으로 소개하고 있습니다. 역대 해피세트(어린이세트)의 장난감도 전시되어 있습니다.

참고로 일본에서는 맥도널드를 "마꾸도나루도"라고 발음해야 알아듣습니다. 연습해 보시길….

264

4. 도요타 오토 살롱 암럭스 도쿄
(豊田オ-トサロンア-ムラックス東京)

o JR・세부(西武)・도부(東武)・지하철 이케부쿠로역(池袋
   駅) 동쪽 출구에서 약 8분, 또는 지하철 유락쵸(有樂町)선
   히가시이케부쿠로역에서 도보 약 7분.

o 세단・RV・컨셉트카 등 도요타의 차 약 70대가 전시되
    어 있는 쇼룸. 최신 모델을 중심으
   로 시승도 할 수 있습니다. 카레이
   스의 게임, 오리지날 시어터 등의
   어트랙션에도 충실.

5. 시세이도 갤러리(資生堂ギャラリ-)

o 지하철 마루노우치선(丸の内線) 긴자역
   (銀座駅)에서 도보 7분.

o 일본에서 화랑이 가장 많은 곳이 긴자.
   긴자에서도 가장 오래된 화랑이 시세이도 갤러리입니다.
   2001년에 새롭게 단장하였는데, 천정 높이가 5 m나 됩니
   다. 50년 이상 매년 한 차례씩 개최하고 있는 '츠바끼모
   임전(椿会展)'은 해마다 같은 작가의 작품을 전시해서 그
   작가의 작품의 변화 과정을 엿볼 수 있습니다.

6. 긴자 소니빌딩(銀座ソニ-ビル)

o 지하철 마루노우치선 긴자역에서 도보 1분.

o 2003년 6월 새롭게 오픈한 소니빌딩 내엔 최신 기기가
  카테고리별로 전시되어 있으며, 각 층마다 친절한 스태프
  들이 안내를 해줍니다. 3층에서는 소니 제품을 구입할 수
  도 있고, 5층에는 소니 고객 상담 카운터가 마련되어 있
  습니다.

3. 조금 특별한 재미

1. 지브리 미술관(ジブリ美術館)

o JR 중앙선(中央線)미타카역(三鷹駅) 남쪽 출구에서 커뮤니티버스가 약10분 간격으로 운행되고 있습니다.

o 입장료 1,000엔. 입장은 예약제로 10시, 12시, 14시, 16시의 하루 4번 입장.

o 휴관일 : 화요일.

o '이웃집 토토로', '천공의 성 라퓨타', '센과 치히로의 행방불명' 등 우리에게도 널리 알려진 걸작 애니메이션을 만들고 있는 스튜디오 지브리의 미술관. 영화 속의 캐릭터도 볼 수 있고, 영화 제작의 비밀을 알기 쉽게 설명해 주기도 합니다. 또한 미공개의 지브리 단편작을 상영하기도 하고, 어린아이들에 한해 '이웃집 토토로'에 등장했던 고양이버스를 직접 만져볼 수도 있습니다.

2. 앙팡만 뮤지엄(アンパンマンミュ-ジアム)

o JR 토사야마다(土佐山田)역에서 오오토
  치(大栃)행 버스를 타고 23분 정도 가
  서 앙팡만뮤지엄에서 내려 도보로 2분.

o 입장료 700엔, 화요일 휴관.

o 우리에게는 호빵맨으로 알려진 앙팡만의 원작자 야나세
  타카시의 기념관입니다. 그가 직접 그린 앙팡만의 그림
  등이 전시되어 있으며, 만화의 세계를 재현한 앙팡만월드
  도 있습니다.

3. 이가라시 유미코 미술관(五十嵐ゆみこ美術館)

o JR 산요혼센(山陽本線) 구라시키역(倉敷駅)에서 도보 15분.

o 입장료 대인 600엔, 중고생 400엔, 소인 300엔.

o 1980년대에 소녀들을 사로잡았던 '캔디 캔디'로 잘 알려
  진 만화가 이가라시 유미코의 작품을 전시한 미술관. 데
  뷔작부터 대표작, 최신작에 이르기까지
  의 원화, 일러스트와 밑그림 등을 소장
  하고 있습니다.

4. 마루킨 간장 기념관(マルキン醤油記念館)

o 카가와켄(香川県) 쇼도지마(小豆島).

o 입장료 210엔.

o 1907년에 창업한 마루킨 간장. 옛날
에 사용하던 기구와 인형 등을 이용
하여 전통적인 간장 제조 과정을 소개하는 자료관입니다.
지은 지 90년 된 간장 저장고는 국가 지정 중요 문화재입
니다. 병설 물산관(物産館)에서 간장을 살 수도 있으며,
간장 아이스크림(250엔)도 인기 품목입니다.

5. 히로시마시 망가 도쇼칸(広島市漫画図書館)

o 히로시마 히지야마(比治山)
시타덴테이(下電停)에서 도보
10분.

o 입장료 무료.

o 일본 최초의 만화 전문 공립도서관으로 18세기의 그림책
을 비롯하여 84,000여 권의 만화책을 소장하고 있습니다.
만화의 역사를 보여 주는 귀중한 자료들도 보관되어 있으
며 매년 만화콘테스트의 작품을 모아 전시하기도 합니다.

6. 아소카잔 하쿠부츠칸(阿蘇火山博物館)

o 아소에키(阿蘇駅)에서 버스로 35분.

o 입장료 840엔.

o 다섯 개의 봉우리가 늘어선 세계 최
   대 규모의 복식화산인 아소고가쿠
(阿蘇五岳)에 자리한 아소카잔 박물관은 전 세계 화산의
자료를 한 자리에 모아 놓은 박물관으로 화산구에 설치해
놓은 카메라를 통해 실시간으로 화산구의 모습을 볼 수
있습니다.

7. 캉코쿠 텐보쇼(韓国展望所)

o 나가사키시(長崎市) 츠시마(対馬) 공항에서 차로 2시간.

o 입장료 무료.

o 한국까지의 거리가 49.5 km밖에 되지 않는 장소에 세워
   진 전망대로 기상 조건이 좋은 날에는 부산 시내 모습까
   지 또렷하게 보인다고 합니다. 전망대는 서울 파고다공원
   에 있는 정자를 본 떠 만
   든 한국 양식의 건축물입
   니다.

4. 노천 온천(露天溫泉) 순례

1. 온천수의 정의

온천이란 땅 속에서 나오는 탄화수소를 주성분으로 하는 온수, 鑛水, 수증기나 가스를 포함한 물로 온도가 25℃ 이상이거나, 온천법에 의해 정해진 19종류의 물질 중 한 가지 이상의 성분을 함유하였을 경우 온천이라 합니다. 다시 말해 온도가 24℃ 이하인 미지근한 물이라도 유리탄산이나 중탄산나트륨, 라듐 등의 물질을 한 가지라도 함유하고 있다면 온천이라고 부를 수 있습니다.

2. 입욕법

온천을 할 때 몇 가지 주의할 점을 살펴봅니다.

우선 공복이나 만복 때는 피하는 것이 좋습니다. 특히 식후에 온천에 들어가면 그 열로 인해 소화에 필요한 혈액이 내장으로 가지 못해 소화불량을 일으키게 됩니다. 식후 최소한 30분 정도 지난 후 입욕하는 것이 바람직합니다.

음주 후의 입욕도 별로 좋지 않습니다. 몸이 따뜻해지면 혈액 순환이 잘 되기 때문에 알코올의 퍼지는 속도가 빨라져 불의의 사고 원인이 되는 경우가 많습니다.

치료를 목적으로 온천을 하는 경우, 첫날은 한 번 정도만 입욕하고 서서히 횟수를 늘리는 것이 좋습니다.

탕에 들어갈 때는 발, 하복부, 가슴 순으로 두세 바가지 정도의 물을 끼얹은 후, 머리끝에서부터 대여섯 바가지의 물을 끼얹고 들어갑니다. 그렇게 해야 혈압이 급상승하는 것을 막을 수 있고, 탕에서 나올 때도 빈혈을 일으키지 않습니다.

입욕 후에는 온천수의 성분을 유지하기 위해 수건으로 가볍게 눌러주는 정도로만 닦습니다. 그러나 유황천, 산성천과 같이 자극이 강한 온천에 들어갔을 경우는 보통물로 씻는 것이 좋습니다.

272

3. 지역별 유명 노천 온천

ⓐ 홋카이도(北海道), 토호쿠(東北)지역

o 니세코온센고(ニセコ温泉郷)

니세코는 홋카이도를 대표하는 온천마을로 유명합니다. 五色温泉, 湯本温泉, 薬師温泉, 新見温泉, 昆布温泉 등 서로 다른 성분과 효능을 가진 온천들이 넓게 자리하고 있습니다. 그 중에서도 최대 규모의 노천탕은 곤부 온센(昆布温泉)의 니세코그랜드호텔의 온천탕입니다.

o 자오온센(蔵王温泉)

웅대한 산악 풍경이 일품이며, 일본 굴지의 스키장이 있어 더욱 유명한 자오온천. 겨울에는 스키와 온천을 동시에

즐길 수 있습니다. 온천가에 옛날 분위기를 그대로 느낄 수 있는 공중 온천탕이 세 곳 있는데, 입욕료도 어른 200엔으로 저렴하게 이용할 수 있습니다.

o 타마가와 온센(玉川温泉)

아키타현의 타마가와 온천은 암반욕이라는 치료법으로 유명합니다. 미량의 라듐을 함유한 강산성의 온천으로 만병 통치로 알려져 있습니다. 암반욕의 노천탕은 탈의실조차 없고, 혼욕탕이며 무료입니다.

ⓑ 키타칸토(北関東)지역

o 나스유모토 온센(那須湯本温泉)

나스 온센고는 특히 신록, 단풍의 계절에 가 볼 만합니다. 드라이브와 등산을 하다 가볍게 들를 수 있는 온천이 많으며, 풍부한 자연과 더불어 쾌적한 온천을 즐길 수 있습니다.

o 오쿠기누 온센고(奥鬼怒温泉郷)

기누가와(鬼怒川)의 원류를 따라 솟아나는 온천을 통틀어 오쿠기누 온센고라 합니다. 기누늪까지 이어지는 오쿠기누를 도보로 오르며 자연을 만끽하는 것도 좋습니다. 셔틀버스도 운행되고 있으나 걷는 것에 자신있는 사람이라면 등산하는 셈치고 걸어보세요.

o 닛꼬유모토 온센(日光湯本温泉)

단풍으로 유명한 닛꼬국립공원 내의 온천지. 웅대한 자연 속에 위치하여 주변의 스키장, 호수, 하이킹코스는 물론이고 삼림욕도 즐길 수 있습니다.

o 만자 온센(万座温泉)

죠신에츠코겐 국립공원(上信越高原国立公園)에 위치한 만자 온센은 1,800 m의 고지대에서 솟아나는 온천수와 만자 온센 스키장, 국립공원의 대자연을 만끽할 수 있는 전망노천탕 등으로 일 년 내내 관광객의 사랑을 받는 곳입니다.

ⓒ 도쿄(東京) 주변 지역

o 하코네유모토 온센(箱根湯本温泉)

　　도쿄 주변에서 가장 유명한 온천지. 도심에서 한 시간 거리에 위치한 이 곳은 하코네 등산철도를 이용해 하코네유모토역에 내리면 도쿄돔구장의 3배 넓이나 되는 곳에 노천탕을 비롯한 100종류가 넘는 온천이 있습니다. 아시노코, 오오와키다니(大涌谷) 등의 관광 명소도 놓칠 수 없습니다.

o 미나미보우소 타테야마 헤이사우라 온센

　(南房総たてやま平砂浦温泉)

　　좀 긴 이름을 가진 이 온천은 2002년 5월에 온천수가 발견된 치바현에 있는 온천입니다. 인도네시아 발리섬의 동굴을 본떠 만든 동굴 노천탕과 태평양의 절경이 바로 눈앞에 보이게 만든 노천탕 등이 있습니다.

ⓓ 이즈(伊豆) 지역

o 이즈코겐 온센(伊豆高原温泉)

　　이즈코겐 온센은 특히 전망 노천탕이 많습니다. 파노라마처럼 펼쳐진 사가미왕(相模湾)의 절경을 감상할 수 있는 전망 노천탕도 좋지만, 밤에는 하나노마이호텔의 오로라 노천탕도 장관입니다. 환상적인 일루미네이션이 빛나는 환상적인 무드를 즐길 수 있습니다.

o 아따가와 온센 (熱川溫泉)

한 편은 태평양이 펼쳐져 있고, 다른 한 편엔 이즈의 산들이 둘러싸인 아따가와 온천은 관광지로도 최적의 장소입니다. 열대식물에 둘러싸인 남국 노천탕 및 태평양에 떠있는 이즈의 일곱 개 섬을 내려다볼 수 있는 노천탕에서 낮에는 바다를, 밤하늘에서는 별을 음미하며 온천욕을 즐길 수 있습니다.

o 이마이하마 온센 (今井浜溫泉)

해수욕장으로 인기있는 이마이하마해안 근처의 온천지. 동그란 욕조 두 개를 나란히 놓아 둔 커플용의 고에몽(五右衛門) 노천탕이 재미있습니다. 입욕 후에는 신선한 어패류, 특히 이 지역의 특산물인 이세(伊勢) 새우요리를 맛보는 것도 좋을 듯….

o 도이 온센 (土肥溫泉)

도이 온센은 에도막부시절 금광 발굴을 계기로 발견된 온천으로 오늘날은 니시이즈(西伊豆) 최대 규모를 자랑하는 온천지입니다. 바다에 떨어지는 석양을 감상할 수 있는 전망 노천탕은 기본이고, 배 모양을 본뜬 욕조, 장미꽃잎을 띄운 연인탕 등 재미있는 온천이 많습니다.

o 슈젠지 온센(修善寺溫泉)

일본에서 유일하게 문화재로 지정된 온천탕인 '天平大浴堂'이 있습니다. 이 탕은 일본 화가인 야스다(安田) 씨가 고증 설계하여 이즈石을 사용하여 만든 건축물입니다. 슈젠지 온센은 일본의 황족들과 나쓰메 소세키(夏目礎石), 아쿠타가와 류노스케(芥川龍之介), 시마자키 토손(島崎藤村), 요코야마 다이칸(橫山大觀) 등 일본의 대문호들에게 사랑받던 온천지입니다.

ⓔ 신에츠(信越)·기후(岐阜) 지역

o 시라호네 온센(白骨溫泉)

나가노켄(長野県)의 대자연에 둘러싸인 시라호네 온센의 유백색 온천탕에서 분위기를 만끽할 수 있습니다. 숲 속의 노천탕, 절벽 위의 온천탕, 혼욕탕 등이 있습니다.

o 벳쇼 온센(別所溫泉)

'신슈(新州)의 카마쿠라(鎌倉)'로 불렸던 곳으로 가와바타 야스나리(川端康成), 아리시마 타케오(有島武郎) 등 일본의 문인들이 드나들던 온천지로 피부를 부드럽게 해준다는 무색 투명한 온천수로 여성들에게 특히 인기가 있습니다.

o 게로 온센(下呂温泉)

　　일본 3대 온천지로 꼽히는 게로온센. 쇼와천황을 비롯하여 일본 왕족들이 머물렀다는 유노시마칸(湯之島館)의 대리석탕을 비롯하여 성곽 스타일의 건물 등 전통 일본식 건물들이 눈길을 끕니다. 수령 수백 년 이상의 노송나무와 삼나무가 늘어선 산책로에서의 삼림욕도 즐겁습니다.

o 오쿠히다 온센(奥飛田温泉)

　　해발 3,000 m 정도의 봉우리들이 늘어선 북 알프스 기슭에 자리한 일본에서도 알아주는 온천지. 북 알프스의 봉우리가 한 눈에 보이는 탕, 강가에 자리한 탕, 숲 속의 노천탕 등 크고 작은 150여개의 온천탕이 온천 팬들을 유혹하고 있습니다.

ⓕ 호쿠리쿠(北陸) 지역

o 킨타로 온센(金太郎温泉)

　　호쿠리쿠 지역에서도 손꼽히는 넓은 노천탕과 시설, 지하 1,000 m에서 끌어올리는 온천수를 자랑합니다. 전국 각지의 기암괴석을 모아 만든 500평 규모의 노천탕은 장엄하기까지 합니다.

278

o 우나즈키 온센(宇奈月温泉)

　　일본 제일의 계곡임을 뽐내는 구로베협곡(黒部峡谷)의 웅대한 자태를 감상할 수 있는 온천. 주변 산들의 아름다운 경치를 즐기며 노천욕을 할 수 있습니다.

⑨ 킨키(近畿) 지역

o 시라하마 온센(白浜温泉)

　　새하얀 백사장이 끝없이 이어진 시라하마 온천은 아리마, 도고와 더불어 일본 3대 고(古)온천지로 '일본서기(日本書記)'와 '만요슈(万葉集)'에도 등장하는 역사 깊은 온천이다. 해변의 무료 노천탕 '사키노유'에서 내려다보면 태평양이 한 눈에 보입니다.

o 카츠우라 온센(勝浦温泉)

　　카츠우라 온센의 압권은 뭐니 뭐니 해도 '망귀동(忘帰洞)'. 넓이 약 1,000㎡, 높이 22m의 거대한 동굴 온천입니다. 기슈(紀州)번주 도쿠가와가 아름다운 경치에 넋을 잃어 돌아가는 것을 잊었다는 데서 유래한 만큼 이 동굴 온천에서 바라보는 바다 경치는 일품입니다. 또 작은 섬 전체를 숙박시설로 만든 나카노시마호텔의 노천탕에서는 마치 바다 위에 떠 있는 듯한 기분을 맛볼 수 있습니다.

ⓗ 츄고쿠, 시코쿠, 큐슈(中国, 四国, 九州) 지역

o 벳뿌 온센(別府溫泉)

　　3,000개 이상의 源泉을 지녔다는 오이타켄(大分県)의
벳뿌 온천은 숙박시설과 공중탕으로 가득한 '온천도시'입
니다. 노천탕도 명물 모래탕에서 정원탕에 이르기까지 종
류도 다양합니다.

o 유후잉 온센(由布院溫泉)

　　벳뿌와 함께 오이타켄을 대표하는 유후잉 온센은 해발
500 m의 분지에서 솟는 풍부한 온천수로 인기 있습니다.
850개소에 이르는 원천은 용출량이 풍부하기로 일본 내
에서도 유명합니다.

o 미사사 온센(三朝溫泉)

　　돗토리켄의 미사사 온센은 세계 제일의 라듐 함유량을 자랑
하는 요양 온천입니다. 때문에 효과를 얻기 위해 장기 체류하
는 사람이 많은 곳입니다. 온천가를 가르며 흐르는 미사사교
아래에 노천탕이 있으며, 24시간 무료로 이용할 수 있습니다.

o 도고 온센(道後溫泉)

　　나쓰메 소세키의 소설 《도련님(坊っちゃん)》으로 유명한 도
고 온센은 만요(万葉)시대부터 시작된 일본에서 가장 오래된
온천입니다. 멀리 세토나이카이(瀬戸内海)와 마쓰야마(松山)성
의 야경을 즐기며 온천욕을 할 수 있는 노천탕이 있습니다.

5. 유네스코 지정 세계 유산

280

1. 히메지죠(姬路城) - 문화

o 1993년 지정.

o 위치 : 효고켄(兵庫県) 히메지시(姬路市).

o 현존하는 16세기 일본 성곽 건축의 대표작으로 고도로
발달된 방어시스템과 보호 장치를 갖춘 83개의 전각이
있는데, 그 대부분인 80개의 건물이 1600~1609년 도쿠
가와 이에야스(德川家康)의 사위인 이케다 테루마사(池田
輝政)가 건설한 것입니다.

2. 호류지(法隆寺)의 불교기념물군 – 문화

o 1993년 지정.

o 위치 : 나라켄(奈良県) 이카루카쵸(斑鳩町).

o 세계에서 가장 오래된 목조 건축물의 대표작으로 13만㎡ 의 부지에 약 20여 개의 건물이 국보로 지정되어 있으며, 48개의 불교 기념물이 세계 유산으로 지정되었습니다. 호

류지에는 고구려 승려 담징이 그린 금당벽화가 있었는데, 화재로 소실 되고 현재 있는 것은 복 사본이라고 합니다.

3. 나라(奈良)의 역사기념물 – 문화

o 1998년 지정

o 8세기 일본의 수도로 많은 사원, 사당, 궁궐 유물이 있습 니다.

4. 시라카미 산치(白神山地) - 자연

o 1993년 지정.

o 위치 : 아오모리켄(青森県)과 아키
타켄(秋田県)에 걸침.

o 냉대삼림지대로 대규모 너도밤나무
원시림, 흑곰, 각종 조류 서식지.

5. 야쿠시마(屋久島) - 자연

o 1993년 지정.

o 위치 : 가고시마켄(鹿児島県).

o 추운 지방에서 자라는 침엽수와 더
운 지방에서 자라는 활엽수에 이르
기까지의 다양한 수종이 수직 분포대를 형성할 뿐만 아니
라, 고원 지대의 산지성 식물, 열대식물 등 지구촌 곳곳의
식물군이 한 자리에 모여 있는 식물전시관입니다. 수령
수천 년에 이르는 야쿠삼나무(屋久杉)를 비롯한 야쿠시마
의 원시림을 자랑하는 숲, 오오코노타키(大川の滝), 센삐
로노타키(千尋の滝) 등 다이내믹한 폭포, 아열대식물, 야
생동물 등 보는 이를 압도하는 대자연의 연속되는 생명의
섬으로 그 넓이가 동서 약 28 km, 남북으로 약 24 km에
이릅니다.

6. 교토(京都)의 역사기념물 – 문화

o 1994년 지정.

o 교토는 약 1,000년에 걸친 일본의
   정치, 문화의 중심지로 특히 목조
   건축과 일본식 정원의 발달이 괄목
   할 만한 곳입니다.

7. 사라카와고(白川鄕)와 고카야마(五箇山)의 역사마을 – 문화

o 1995년 지정.

o 위치 : 기후켄(岐阜県) 오노군(大野郡)과 토야마켄(富山県)

o 오랫동안 외부와 격리된 생활을 한 산간 농촌 집락으로,
   이엉으로 엮은 A자 모양의 지붕을 한 갓쇼즈쿠리(合掌作
   り)양식의 전통 가옥이 많이 남아 있는 곳입니다. 200년
   이상의 집들로만 이루어져 있는데, 못이나 철물 등을 사
   용하지 않고, 나무로만 연결해 지은 것입니다.

8. 히로시마(広島) 평화기념관 : 원폭기념돔 - 문화

ㅇ 1996년 지정.

ㅇ 제2차 세계 대전 당시 히로시마 원폭 투하 현장에 세운
기념관으로 세계 평화의 상징물이 되었습니다.

9. 이쯔쿠시마진자(厳島神社) - 문화

ㅇ 1996년 지정.

ㅇ 위치 : 히로시마 시(広島市) 미야지마(宮島).

ㅇ 신비한 자연을 배경으로 물 위에 떠 있는 신사 건축물로
유명합니다.

10. 닛코(日光) 사당과 사원 - 문화

o 1999년 지정.

o 닛코는 일본 전통 종교인 신토(神道)의 중심지로 에도막부시대의 건축 양식을 잘 보여주고 있습니다. 일본을 통일하고 에도막부를 연 도쿠가와 이에야스를 모신 신사인 도쇼구(東照宮)와 도쿠가와 가문의 역사와 보물을 보존하

고 있는 린노지(輪王寺), 닛코 최대 규모의 신사인 후타라산진자(二荒山神社)를 묶어 세계 유산으로 지정되었습니다.

11. 큐슈(九州) 유적 및 류큐(琉球)왕국 유적 - 문화

o 2000년 지정.

o 위치 : 큐슈(九州) 및 오키나와켄(沖縄県).

o 류큐는 오키나와의 옛 이름으로 수세기 동안 동남아시아의 경제적, 문화적 교류지의 역할을 해왔고, 유적들도 많이 남아 있습니다.

6. 일본 술집의 종류

1. 일반 음식점

일본은 거의 모든 종류의 음식점, 레스토랑 등에서 술을 판매합니다. 심지어는 우리 나라의 다방에 해당하는 킷사뗑(喫茶店)에서도 맥주나 미주와리(水割り, 물을 섞어 마시는 술) 정도는 마실 수 있습니다.

2. 이자카야(居酒屋)

 가장 일반적인 술집의 한 종류로, 우리 나라의 호프집이나 선술집과는 사뭇 분위기가 다르며, 규모나 스타일면에서 다양한 종류로 나뉩니다. 꼬치구이를 전문으로 하는 야키도리야(焼き鳥屋)라는 것이 있고, 채 열 명도 들어가지 못할 정도의 소규모 선술집에서 수백 명까지 수용할 수 있는 체인점도 많습니다. 텡구(天狗), 이로하니호헤토(イロハニホヘト) 등 유명 체인점들은 일단 안주의 종류가 헤아리기 어려울 정도로 많아 그야말로 골라 먹는 재미가 있습니다. 술도 맥주, 양주를 비롯해 온갖 칵테일이 즐비합니다. 모든 메뉴의 사진이 메뉴판에 있어 주문에 어려움이 없고, 분위기도 제법 재미있어 일본 여행 중 한번쯤 가 보는 것도 좋을 듯합니다.

3. 스나쿠(スナック)

영어의 snack에서 온 말이지만, 원
래의 의미인 간이음식점과는 무관하게
일본에서는 술집의 한 종류가 되었습
니다. 거의가 동네에 자리하고 있으며,
규모는 그다지 크지 않지만, 테이블과 가라오케 시설이 갖추어
진 술집으로 여종업원의 서비스를 받을 수 있습니다. 그러나 서
비스라 해도 서빙과 술을 따라 주는 정도로 그 이상의 서비스를
기대하면 큰 코 다칩니다. 물론 신체적 접촉 등은 금물. 스나쿠
의 여종업원은 아르바이트 여대생이나 주부들이 많습니다.

4. 쿠라부(クラブ)

club의 일본식 발음인 쿠라부는 꽤 비싼 술집으로 우리 나
라의 고급 룸살롱 수준으로 많은 여종업원들이 서비스를 합니
다. 주로 번화가에 있으며, 규모가 큽니다. 일본인 여종업원 외
에 각 나라의 여성들을 고용한 쿠라부들이 많습니다. 남성들이
서비스하는 호스트 쿠라부도 일본에서는 놀랄 만한 일이 아닙
니다.

7. 수족관

1. 카사이 링카이 스이조쿠엔(葛西臨海水族園) – 도쿄

○ 카사이 링카이 코엔(葛西臨海公園) 내에 있는 수족관으로
약 180마리의 참치가 떼지어 헤엄치는 도넛 모양의 수조
가 압권입니다. '세계의 바다', '펭귄의 생태' 등 세계 각
지의 해역·생태별로 전시가 되어 있습니다. 입구에는 불
가사리를 직접 손으로 만져볼 수 있는 공간이 마련되어
어린이들이 무척 좋아합니다.

○ JR 카사이 링카이 코엔역(葛西臨海公園駅)에서 도보 5분.

○ 입장료 일반 700엔, 중학생 250엔, 초등생 이하, 65세 이
상 무료.

○ 관람 시간 09 : 30~17 : 00, 수요일 휴관.

2. 산샤인 고쿠사이스이조쿠칸(サンシャイン国際水族館)-도쿄

o 선샤인 빌딩 10, 11층에 자리한 지상 40 m의 고층에 자
리한 수족관으로 약 750종에 이르는 37,000여 마리의 물
고기 이외에 원숭이, 새, 파충류 등도 자연 환경 그대로
전시하고 있습니다.

o JR 이케부쿠로 역(池袋駅)에서 도보 8분.

o 입장료 대인(중학생 이상) 1,600엔, 소인(만 4세~초등
생) 800엔.

o 관람 시간 10:00~18:00(주말과 휴일은 16:30까지,
여름철은 20:30까지), 연중 무휴.

3. 이누보사키 마린파크(犬吠埼マリンパーク) – 치바켄(千葉県)

o 해수어를 중심으로 세계 최대의 담수어와 심해에 생식하는 게 등 약 230여 종, 2,500여 마리의 바다생물을 최대한 자연 환경에 가깝게 사육하고 있습니다. 돌고래쇼와 지구가 동그랗게 보이는 전망대도 둘러볼 만합니다.

o 쵸시(銚子) 전철 이누보우 역(犬吠駅)에서 도보 7분.

o 입장료 대인 1,200엔, 소인 400엔, 만 4세 미만 무료.

o 관람 시간 09 : 00~17 : 00(주말과 휴일은 08 : 00~ 18 : 00), 연중 무휴.

4. 오타루 스이조쿠칸(小樽水族館) – 홋카이도(北海道)

o 홋카이도의 바다에 사는 생물을 중심으로 2만여 점에 달하는 300여 종을 사육하고 있습니다. 본관에는 3000톤급

의 대형 수조가 3기나 있으며, 일본에서 유일하게 쥐돌고래를 보유하고 있습니다. 여러 가지 쇼도 보여줍니다.

o 입장료 1,300엔.

o 관람 시간 09 : 00~17 : 00(개관일 3월 21일~11월 24일, 기간 중 무휴).

5. 나고야미나토(名古屋港) 수족관 – 아이치켄(愛知県)

o 일본의 심해, 적도 부근과 남극의 바다 등지에 사는 어족
  을 5개 구역으로 나누어 전시하고 있습니다. 산호초 바다
  를 재현한 수중터널이 있으며, 특수영상으로 심해 체험을
  할 수도 있습니다.

o 나고야미나토 역에서 도보 7분.

o 입장료 1,500엔.

o 관람 시간 09 : 00 ~ 17 : 30, 월요일 휴관.

6. 노보리베츠 마린파크니크스(登別マリンパ-クニクス) – 홋카이도(北海道)

o 덴마크의 고성을 모델로 만든 외관을 감상하고, 한류와 난
  류 2개의 아쿠아 터널을 걸으며 해저 산책 기분을 만끽할
  수 있습니다. 세계 각지의 물고기들을 사육하고 있습니다.

o 노보리베츠 역(登別駅)에서 도보 5분.

o 입장료 2,300엔.

o 관람 시간 09 : 00 ~ 17 : 00(골든위크 기간중에는 19 : 00
  까지, 여름방학 20 : 00까지).

7. 카모가와 시월드(鴨川シ-ワ-ルド) - 치바켄(千葉県)

o 약 800여 종에 이르는 해양생물을 사육하고 있는데, 돌고
  래쇼가 끝난 후 직접 돌고래를 만져보게 해 주는 돌고래
  만져보기 체험은 특히 어린아이들의 경쟁이 치열합니다.

o JR 소토보센(外房線) 카모가와(安房鴨川)역에서 셔틀버스
  로 약 5분.

o 입장료 대인(고교생 이상) 2,800엔, 소인(만 4세 이상)
  1,400엔, 돌고래 만져보기 체험 200엔.

o 관람 시간 09 : 00 ~ 17 : 00(입장권 판매는 16 : 00까지).

8. 카이유칸(海遊館) - 오사카(大阪)

o 붉은색과 푸른색으로 대비시킨 외관부터 눈길을 끄는 대
   형 수족관으로 폭 34 m, 깊이 9 m의 세계 최대급 규모의
   수조에서는 4 m가 넘는 대형 상어를 관람할 수 있습니다.
   환태평양 지역에 서식하는 580여 종, 39,000여 마리의
   생물을 사육하고 있습니다.

o 오사카역에서 도보 5분.

o 입장료 2,000엔.

o 관람 시간 10 : 00 ~ 19 : 00.

8. 쇼핑 정보

1. 캐릭터용품

ⓐ 산리오야(サンリオ屋)

키티의 캐릭터 회사인 산리오의 전문점. 키티 외에 리틀 트윈스타, 파티&지미 등 산리오 사의 수많은 캐릭터용품을 판매합니다. 도쿄의 신쥬쿠, 이케부쿠로, 긴자를 비롯하여 오키나와에서 홋카이도에 이르기까지 전국 각지에 직영점과 판매망을 가지고 있습니다.

ⓑ 키디란도(Kiddy Land) 하라주쿠뗑(原宿店)

바비, 리키짱, 제니 등 인형들과 디즈니 캐릭터, 포켓몬스터를 비롯한 일본 캐릭터 상품 등이 지하 1층부터 지상 5층의 건물을 가득 메우고 있습니다. 지하철 긴자센(銀座線) 오모떼산도(表参道)역에서 도보 7분 거리.

ⓒ 스누피 타운(Snoopy Town)

하라주쿠 역(原宿駅)에서 타케시타도오리(竹下通り) 쪽에 위치한 스누피 캐릭터 상품 전문점.

2. 전자제품

　일본에서의 대표적인 쇼핑 품목은 전자제품을 들 수 있으나 비디오 카메라, 수동 카메라 등 고가 제품은 면세가 되지 않는 경우가 많으므로 주의해야 합니다. 도쿄의 아키하바라(秋葉原), 오사카의 덴덴타운(電電タウン), 큐슈에서는 후쿠오카의 덴진니시도오리(天神西通)나 후쿠오카 시청(福岡市役所) 부근에서 전자제품을 싸게 살 수 있습니다. 전자제품 전문점으로는 사쿠라야(さくらや), 빅구카메라(ビッグカメラ), 요도바시카메라(ヨドバシカメラ)를 들 수 있습니다. 이들 전문점은 정찰제이지만 서로 가격차가 있으므로 비교해서 조금이라도 싼 곳에서 구

입하는 것이 좋습니다. 외국인 관광객의 경우 소비세(5%)가 면제되므로 관광비자임을 확인받아 싸게 사도록 하세요. 전자제품은 특히 한국에서의 A / S에 관하여 자세히 문의한 후 구입해야 합니다.

3. 100엔 숍(100円ショップ)

100엔으로 모든 일상용품 구입이 가능한 가게로 불황에 힘입어 매우 인기가 있습니다. 최근에는 90엔 숍까지 등장했다고 하니 얼마나 사랑받고 있는지 알 수 있을 것입니다.

4. 콤비니(コンビニ, 편의점)

convenience store의 약어로 일본 전 지역에 일상 생필품을 비롯 식품, 음료까지 구비하고, 공공요금 서비스, 복사, 팩스, 택배 등의 각종 서비스를 제공하고 있어 많은 사람이 이용하고 있습니다. 세븐일레븐, am pm, 훼밀리마트 등 전국적으로 4만여 점포가 있습니다.

5. 서점

ⓐ 키노쿠니야(紀伊国屋)

일본에서 가장 큰 서점으로 도쿄, 오사카를 비롯하여 전국에 지점을 여럿 가지고 있고 미국 등 해외에도 지점이 있습니다.

ⓑ Book Off

1991년 설립된 중고 서적, CD, 비디오의 매매를 하는 서점으로 할인율이 50%에 이르는 것도 있습니다. 전국에 수백 개의 체인점을 가지고 있으며, 인터넷 서점도 운영하고 있습니다.

ⓒ 만다라케 (まんだらけ)

1987년 설립된 만화 단행본, 만화영화 음악 CD, 만화 작업 도구 등 애니메이션 관련 상품을 판매하는 세계 최대의 만화, 애니메이션 쇼핑몰. 도쿄의 나카노점을 비롯하여 오사카, 후쿠오카 등에 16점포가 있습니다.

6. 기타

ⓐ 도큐핸즈(Tokyu Hands)

주방용품, 문구류, 파티용품 등 일상생활에 필요한 거의 모든 제품들을 모아 놓은 DIY용품 전문점.

도쿄의 시부야, 신쥬쿠, 이케부쿠로를 비롯하여 오사카, 히로시마, 삿뽀로 등 전국에 걸쳐 매장을 운영하고 있습니다.

ⓑ 마쓰모토키요시 (マツモトキヨシ)

화장품과 약품을 저렴하게 판매하는 대형 드러그스토어 체인점.

o www.matsukiyo.co.jp

9. 알짜배기 여행 코스

1. 도쿄(東京)

① 오다이바(お台場)

레인보우브리지를 배경으로 우리 나라에서도 개봉되었던 영화 '춤추는 대수사선 2'의 촬영지이자 수많은 영화와 드라마의 배경이 되는 엔터테인먼트에서 독특한 외관의 후지TV 본사 빌딩, 쇼핑, 식도락에 이르기까지 즐거움이 가득한 레저 공간으로 유명한 오다이바. 화제 만발의 오다이바 중에서도 이것만은 놓치지 마세요.

ⓐ 다이바잇쵸메쇼텡가이(台場一丁目商店街)

일본 경제의 부흥기인 쇼와(昭和) 30년을 재현한 쇼핑몰로 옛날 과자나 장난감, 잡화 등이 타임머신을 타고 과거로 돌아간 듯한 기분을 느끼게 합니다.

ⓑ 오오에도 온센 모노가타리(大江戸温泉物語)

　에도시대의 거리 모습을 그대로 재현한 이곳은 지하 1,400 m 에서 뽑아낸 천연 온천수의 목욕탕을 비롯하여 노천탕, 일본 정원을 따라 50 m 길이의 온천수가 흐르며 자갈을 바닥에 깔아 발바닥을 자극하게 하는 족탕(足湯), 모래탕 등의 온천이 가능합니다. 입욕 후에는 유카타로 갈아입고 식사를 하거나 마술 등의 이벤트를 즐길 수도 있습니다.

ⓒ 다이바쇼홍콩(台場小ホンコン)

　네온이 요란한 홍콩 거리에 동양적 잡화점, 본토의 맛을 내는 음식점에 저공 비행하는 비행기의 폭음과 클락션 소리까지 분위기는 그야말로 홍콩 그 자체입니다.

ⓓ 다이칸란샤(大観覧車)

오다이바에서 가장 눈길을 끄는 다이칸란샤는 직경이 100 m, 가장 윗부분의 높이가 115 m  에 이르는 세계 최대급의 스케일입니다. 지상 115 m에서 내려다보는 도심의 풍경은 훌륭합니다. 한 바퀴 도는 데 16분 걸립니다.

ⓔ 비너스포트(ウィ-ナスポ-ト)

패션, 미용, 잡화점에 세련된 카페와 레스토랑 등 170여 개의 상점이 여인  들의 마음을 사로잡습니다. 18세기 유럽 거리를 재현한 이 곳은 오다이바의 데이트 명소입니다.

ⓕ 월드 오브 코카콜라 도쿄(ワ-ルド・オブ・コカコ-ラ東京)

코카콜라의 로고가 새겨진 컵을 비롯해 티셔츠, 열쇠고리 등 약 2,000점의 아이템을 취급하고  있습니다. 도쿄 만이 보이는 드링크 바 '에브리씽 코카콜라'에서는 한정품 캐릭터 컵이 인기 품목입니다.

② 록뽄기힐즈(六本木ヒ-ルズ)

2003년 4월 록뽄기의 랜드마크 타워로서 오픈한 록뽄기 힐즈는 고급 브랜드점을 시작으로 전망대, 미술관까지 없는 게 없습니다.

쇼핑가와 주택가 사이에 있는 도로가 케야키사카도오리(けやき坂通り)입니다. 루이뷔통을 비롯한 명품점이 즐비합니다. 가로수가 줄지어 심어져 산책 코스로도 좋습니다.

록뽄기힐즈 내 최대의 쇼핑 공간은 웨스트워크. 모리타워와 그랜드 하얏트 호텔 사이에 자리하고 있는 실내 공간으로 눈길을 끄는 레스토랑과 상점들이 모여 있습니다. 모리타워 최상층인 52, 53층에 2003년 10월 문을 연 모리미술관(森美術館)은 전시실 총 넓이 약 900평에 개방적인 아트 스페이스를 실현했다는 평을 얻고 있습니다. 세계의 현대미술과 실험적 미술을 중심으로 전시하며 주말에는 밤 12시까지 관람 가능합니다.

세계적인 건축가 마키 후미히코가 설계한 유리 벽면의 아트리움 건물이 테레비 아사히의 신사옥입니다. 카페와 상점 같은 개방적인 공간을 함께 만들어 방송국을 찾는 많은 이들을 더욱 즐겁게 합니다.

모자 모양의 외관으로 록뽄기힐즈의 입구 구실을 하고 있는 매트로 해트(メトロハット)는 지하철 히비야선의 록뽄기 역에서 직결되는 편리한 위치이자 레스토랑과 테이크아웃 푸드점들이 자리하고 있어 주변 오피스 빌딩의 식생활을 책임(?)지고 있습니다.

302

2. 요코하마(橫浜) 미나토미라이 21

　거대 쇼핑몰과 어뮤즈먼트 스포트가 즐비한 항구도시 요코하마의 새로운 명소. 2004년 2월 미나토미라이선의 개통과 더불어 퀸즈스퀘어요코하마 안에 미나토미라이 역이 생겨 도심으로부터의 접근이 한결 편리해졌습니다. 아름다운 경치를 감상하며 쇼핑과 식도락을 즐길 수 있는 것이 최대의 매력 포인트.

ⓐ 요코하마 코스모월드(橫浜コスモワールド)

　　요코하마의 심벌인 관람차 '코스모 클락(コスモクラック) 21'이 있는 원더어뮤즈존(ワンダ-アミュ-ズゾ-ン)을 비롯한 3개의 존에, 세계 최초 및 세계 최대급의 27개 어트랙션이 모여 있습니다.

ⓑ 범선 닛뽄마루(日本丸)

쇼와 5년(1930)에 만들어진 범선 닛뽄마루는 지구를 45바
퀴나 돌았다고 합니다. 선장실, 기관실 등이 당시 모습 그대
로 공개되고 있습니다. 그 옆의 요코하
마 마리타임뮤지엄(マリタイムミュージ
アム)은 항구와 배를 테마로 한 박물관
으로 요코하마 항의 역사와 배의 변천
사 등을 모형, 영상을 통해 알기 쉽게
소개하고 있습니다.

ⓒ 랜드마크타워(ランドマークタワー)

일본에서 가장 높은 빌딩인 랜드마크타워. 기네스북에도
올라 있는 분속 750 m의 초고속 엘리베이터를 타면 약 40초
만에 69층의 전망 플로어 스카이가든에 도착합니다. 전면이
유리로 된 273 m
의 높이의 전망대
에서는 날씨가 좋
은 날은 도쿄타워
와 후지산까지 보
입니다.

304

3. 교토(京都) 명소 순례

교토는 우리 나라 사람들에게도 널리 알려진 관광지. 교토를 대표하는 명소를 도보로 순례하는 7개 코스를 소개합니다.

(요금은 어른 1인 기준, 교통비는 JR교토 역에서의 왕복 요금)

ⓐ 기요미즈데라(清水寺) 코스

(소요 시간 3시간 35분, 입장료 900엔, 교통비 440엔)

고죠자카(五条板)버스정류장 ― 10분 ― 기요미즈데라(清水寺, 60분) ― 5분 ― 산네이자카·니넨자카(産寧坂·二年坂, 30분) ― 5분 ― 코우다이지(高台寺, 30분) ― 5분 ― 이시베코지(石塀小路, 10분) ― 15분 ― 야사카진자(八坂神社, 40분) ― 5분 ― 기온(祇園)버스정류장

ⓑ 야사카진자(八坂神社) 코스

(소요 시간 2시간 50분, 입장료 1000엔, 교통비 440엔)

기온 버스정류장 ― 바로 ― 야사카진자(30분) ― 5분 ― 마루야마코엔(円山公園, 30분) ― 5분 ― 치옹잉(知恩院, 40분) ― 15분 ― 헤이안진구(平安神宮, 40분) ― 5분 ― 교토카이칸비쥬츠칸마에(京都会館美術館前) 버스정류장

ⓒ 헤이안진구(平安神宮) 코스

(소요시간 3시간 55분, 입장료 4100엔, 교통비 440엔)

교토카이칸비쥬츠칸마에 버스정류장 — 5분 — 헤이안진구(45
분) — 20분 — 난젠지(南禅寺, 25분) — 5분 — 에이칸도(永観
堂, 25분) — 10분 — 테츠가쿠노미치
(哲学の道, 30분) — 20분 — 긴카쿠
지(銀閣寺, 30분) — 15분 — 긴카쿠지
버스정류장

ⓓ 킨카쿠지(金閣寺) 코스

(소요시간 3시간 30분, 입장료 2700엔, 교통비 410엔)

킨카쿠지 버스정류장 — 5분 — 킨카쿠지(30분) — 20분 — 토
지잉(等持院, 25분) — 10분 — 료안지(龍安寺, 25분) — 15분
— 닌나지(仁和寺, 25분) — 15분 — 묘신지(妙心寺, 30분) —
5분 — JR하나엔(花園) 역

ⓔ **토게츠쿄(渡月橋) 코스**

(소요시간 3시간 25분, 입장료 2100엔, 교통비 650엔)

JR사가아라시야마(嵯峨嵐山)역 ― 20분 ― 세료지(清涼寺 : 사가샤카도嵯峨釈迦堂, 30분) ― 15분 ― 니송잉(二尊院, 20분) ― 5분 ― 죠작코지(常寂光寺, 20분) ― 15분 ― 노노미야진자(野宮神社, 15분) ― 10분 ― 텐류지(天龍時,30분) ― 10분 ― 아라시야마코엔 · 토게츠쿄(嵐山公園 · 渡月橋, 10분) ― 5분 ― 한큐아라시야마(阪急嵐山)역

ⓕ **토후쿠지(東福寺) 코스**

(소요시간 3시간 10분, 입장료 1150엔, 교통비 360엔)

JR토후쿠지역 ― 10분 ― 토후쿠지(60분) ― 30분 ― 치샤쿠인(智積院,30분) ― 바로 ― 산쥬산겐도(三十三間堂 : 렌게오잉蓮華王院, 30분) ― 10분 ― 호코지(方広寺, 20분) ― 바로 ― 馬町 버스정류장

ⓖ **뵤도잉(平等院) 코스**

(소요시간 3시간, 예산 2200엔, 교통비 670엔)

JR우지(宇治)역 ― 10분 ― 뵤도잉(40분) ― 15분 ― 코쇼지(興聖寺, 30분) ― 10분 ― 우지카미진자(宇治上神社, 10분) ― 25분 ― 미무로토지(三室土寺, 30분) ― 10분 ― 쿄사카미무로토(京坂三室土)역

4. 돗토리사큐(鳥取砂丘)

 돗토리사큐는 자연의 힘이 만들어 낸 모래의 예술이라 할 수 있습니다. 일본해를 배경으로 동서 약 16 km, 남북으로 약 2.4 km에 걸쳐 펼쳐진 이 사구는 센다이가와(千代川)가 실어온 모래와 일본해의 해풍이 10만 년에 걸쳐 만들어낸 것으로 아라비아를 방불케 하는 웅대한 경관을 자랑합니다.

그 경관을 즐기는 데 알맞은 것이 바로 낙타. 1인당 요금 1,800엔이면 약 6분에 걸쳐 300~400 m의 거리를 낙타를 타고 가며 바람이 만들어 낸 신비한 모래 무늬를 감상할 수 있습니다. 락쿄, 사구에서 채취한 참마와 배, 겨울에는 돗토리항의 게 등의 특산품도 많습니다.

o 위치 : 돗토리켄(鳥取県)

o 문의 : 돗토리시 관광컨벤션추진팀(전화 0857 - 20 - 3227)

　　　　후쿠베손(福部村)관광협회(전화 0857 - 75 - 2124)

5. 히로시마 헤이와키넹코엔(平和記念公園)

1945년 8월 6일 인류 최초로 원자폭탄이 투하된 곳의 일각에 있습니다. 이 일대는 당시 100년 동안 식물이 자라지 못할 거라고 했으나 지금은 나무와 꽃이 무성해 봄이 되면 튤립과 벚꽃, 등꽃 등이 자태를 뽐냅니다. 원폭 돔을 비롯한 원폭의 참상을 알리는 피폭물과 기념비가 곳곳에 있습니다.

ㅇ 위치 : JR 広島駅에서 전철로 17분 거리.

6. 나루토고엔(鳴門公園) 주변 우즈시오(うずしお)

세토나이카이의 조수간만의 차와 해저의 복잡한 지형이 만들어 내는 해협의 바닷물 소용돌이는 대자연의 경이로움을 보여줍니다. 만조 때와 간조 때는 특히 커다란 소용돌이를 빚어내는데, 직경 20 m에 달하는 큰 소용돌이를 일으키는 때도 있습니다. 칸초센(観潮船)을 타고 가까이 가면 굉음과 더불어 펼쳐지는 소용돌이를 눈앞에서 볼 수 있습니다. 또한 수중 칸초센(観潮船)인 아쿠아에디(アクアエディ-)는 수면 1 m 아래에 전망대가 있어 바닷속에서 소용돌이를 감상할 수 있습니다. 예약제이며, 승선료는 2,200엔입니다.

ㅇ 위치 : 토쿠시마켄(徳島県) 나루토시(鳴門市)

ㅇ 문의 : 관조선(観潮船) 088 - 687 - 2288

7. 벳뿌(別府)

일본 굴지의 온천가 벳뿌. 또한 벳뿌관광에 있어서 빠뜨릴 수 없는 것이 지고쿠메구리(地獄巡り)입니다. 지고쿠란 지하 250~300 m에서 100 ℃ 전후의 분기, 열탕, 진흙을 지표에 분출하는 온천을 말합니다.

벳뿌의 여러 지고쿠 중에서도 '우미지고쿠(海地獄)', '야마지고쿠(山地獄)', '치노이케지고쿠(血の池地獄)', '카마도지고쿠(カマド地獄)', '오니이시지고쿠(鬼石地獄)', '오니야마지고쿠(鬼山地獄)', '시라이케지고쿠(白池地獄)', '킨류지고쿠(金龍地獄)', '타츠마끼지고쿠(龍巻地獄)'의 아홉 곳이 가장 유명합니다.

ㅇ 위치 : 오이타켄(大分県) 別府市

ㅇ 문의 : 벳뿌지고쿠구미아이(別府地獄組合) 0977-66-1577

8. 오키나와(沖縄)

① 오키나와의 바다

오키나와는 산호초가 섬들을 360도로 둘러싸고 있어 파도도 잔잔하고, 해변의 모래도 새하얗습니다. 게다가 바닷속의 열대어와 산호초는 새로운 세계를 경험하게 해줍니다. 오키나와의 바다를 즐기는 몇 가지 방법.

해수욕이나 크루징과는 또 다른 바다 체험이 가능한 시 카약은 요즘 오키나와에서 주목받는 마린 스포츠입니다. 어려워 보이지만, 노 젓기나 타고 내리는 방법이 의외로 간단해서 초보자도 쉽게 즐길 수 있습니다. 바닷물에 몸에 맡기고 조금 나아가면 투명한 바닷물 아래로 열대어와 산호초가 들여다보입니다.

더 가까이서 그것들을 보고 싶다면 스쿠버다이빙에 도전하세요. 2시간이면 C-카드(스쿠버다이빙에 필요한 강습을 받은 것을 증명하는 인정카드)를 발급받을 수 있는 코스가 있습니다.

오키나와에서 사람이 살지 않는 작은 섬이 많습니다. 그 중의 하나인 코마카(コマカ)섬은 걸어서 한 바퀴 도는 데 10분 정도의 작은 섬으로 작은 언덕과 숲이 있는 정글, 백사장과 바다만이 있는 곳입니다. 해변에서 뒹굴다가 따분해지면 투명하고 푸른 바다로 뛰어드세요.

② 고쿠에이오키나와기넹코엔 카이요우하쿠코엔
〈国営沖縄記念公園 海洋博公園〉

오키나와를 한껏 즐기고 싶지만 짧은 여행 일정으로 스케줄을 짜기가 어렵다면 오키나와의 자연과 역사를 한 눈에 둘러볼 수 있는 이 곳을 둘러보세요.

1975년 열린 국제 해양 박람회장 자리에 만들어진 국영 기념공원입니다. 수족관, 돌고래 쇼, 열대식물원, 백사장, 그리고 오키나와의 역사 문화를 배울 수 있는 향토마을까지 없는 게 없습니다. 너무 넓어 하루 코스로는 부담스러우므로 가고 싶은 곳을 미리 체크하고 돌아보는 것이 좋습니다.

숫 자

0	레-	れい	1000	센
1	이찌	いち	2000	니센
2	니	に	3000	산젠
3	상	さん	4000	욘센
4	용·시	よん·し	5000	고센
5	고	ご	6000	록센
6	로꾸	ろく	7000	나나센
7	시찌·나나	しち·なな	8000	핫센
8	하찌	はち	9000	큐-센
9	큐·쿠	きゅう·く	1万	이찌망
10	쥬-		2万	니망
20	니쥬-		3万	삼망
30	산쥬-		4万	욤망
40	욘쥬-		5万	고망
50	고쥬-		6万	로꾸망
60	로꾸쥬-		7万	나나망
70	시찌쥬-		8万	하찌망
80	하찌쥬-		9万	큐-망
90	큐-쥬-		10万	쥬-망
100	햐꾸		100万	햐꾸망
200	니햐꾸		1000万	셈망
300	삼뱌꾸		1億	이찌오꾸
400	용햐꾸			
500	고햐꾸			
600	롭빠꾸			
700	나나햐꾸			
800	합빠꾸			
900	큐-햐꾸			

시 간

1時	이찌지	5分	고훙
2時	니지	10分	즙뿡
3時	산지	15分	쥬-고훙
4時	요지	20分	니즙뿡
5時	고지	25分	니쥬-고훙
6時	로꾸지	30分/半	산즙뿡/항
7時	시찌지	35分	산쥬-고훙
8時	하찌지	40分	욘즙뿡
9時	쿠지	45分	욘쥬-고훙
10時	쥬-지	50分	고즙뿡
11時	쥬-이찌지	55分	고쥬-고훙
12時	쥬-니지	60分	로꾸즙뿡
何時	난지(몇시)	1時間	이찌지깡
~時頃	~지고로(~시경)	何分	남뿡(몇분)

지금 몇 시입니까? 이마 난지데스까?(今何時ですか。)

지금 몇분입니까? 이마 남뿡데스까?(今何時ですか。)

갯수(개)

하나	히또쯔	ひとつ	여섯	뭇쯔	むっつ
둘	후따쯔	ふたつ	일곱	나나쯔	ななつ
셋	밋쯔	みっつ	여덟	얏쯔	やっつ
넷	욧쯔	よっつ	아홉	코꼬노쯔	ここのつ
다섯	이쯔쯔	いつつ	열	토-	とお
몇 (몇개)	이꾸쯔	いくつ			

몇 개 입니까? 이꾸쯔데스까?(いくつですか。)

날 짜

1日	쯔이따찌	17日	쥬-시찌니찌
2日	후쯔까	18日	쥬-하찌니찌
3日	믹까	19日	쥬-쿠니찌
4日	욕까	20日	하쯔까
5日	이쯔까	21日	니쥬-이찌니찌
6日	무이까	22日	니쥬-니니찌
7日	나노까	23日	니쥬-산니찌
8日	요-까	24日	니쥬-욕까
9日	코꼬노까	25日	니쥬-고니찌
10日	토-까	26日	니쥬-로꾸니찌
11日	쥬-이찌니찌	27日	니쥬-시찌니찌
12日	쥬-니니찌	28日	니쥬-하찌니찌
13日	쥬-산니찌	29日	니쥬-쿠니찌
14日	쥬-욕까	30日	산쥬-니찌
15日	쥬-고니찌	31日	산쥬-이찌니찌
16日	쥬-로꾸니찌	何日	난니찌 (며칠)

오늘은 며칠입니까?   쿄-와 난니찌데스까?(今日は何日ですか。)

요일(曜日)

日曜日	니찌요-비	木曜日	모꾸요-비
月曜日	게쯔요-비	金曜日	킹요-비
火曜日	카요-비	土曜日	도요-비
水曜日	스이요-비	何曜日	낭요-비 (무슨 요일)

일(日)

그저께	오또또이	おととい	모레	아샷떼	あさって
어제	키노-	きのう	글피	시아샷떼	しあさって
오늘	쿄-	きょう	매일	마이니찌	まいにち
내일	아시따/아스	あした/あす			

월(月)

지지난달	센셍게쯔	先々月	다음달	라이게쯔	来月
지난달	셍게쯔	先月	다다음달	사라이게쯔	さ来月
이달	콩게쯔	今月	매달	마이쯔끼/마이게쯔	毎月

연(年)

재작년	오또또시	おととし	내년	라이넹	来年
작년	사꾸넹/쿄넹	昨年/去年	내후년	사라이넹	さ来年
올해	코또시	今年	매년	마이또시/마이넹	毎年

주(週)

지지난주	센센슈-	先々週	다음주	라이슈-	来週
지난주	센슈-	先週	다다음주	사라이슈-	さ来週
이번주	콘슈-	今週	매주	마이슈-	毎週

조수사 – 개(작은것 셀 때)

한 개	익꼬	いっこ	일곱개	나나꼬	ななこ
두 개	니꼬	にこ	여덟개	학꼬	はっこ
세 개	상꼬	さんこ	아홉개	큐—꼬	きゅうこ
네 개	용꼬	よんこ	열 개	쥭꼬/직꼬	じゅっこ/じっこ
다섯개	고꼬	ごこ	몇 개	난꼬	なんこ
여섯개	록꼬	ろっこ			

조수사 – 자루(本, 가늘고 긴것)

한 자루	입뽕	いっぽん	일곱자루	나나홍	ななほん
두 자루	니홍	にほん	여덟자루	합뽕	はっぽん
세 자루	삼봉	さんぼん	아홉자루	큐—홍	きゅうほん
네 자루	용홍	よんほん	열 자루	쥽뽕	じゅっぽん
다섯자루	고홍	ごほん		집뽕	じっぽん
여섯자루	롭뽕	ろっぽん	몇 자루	남봉	なんぼん

조수사 – 층(階)

1階	익까이		6階	록까이
2階	니까이		7階	나나까이
3階	상가이/상까이		8階	학까이
4階	용까이		9階	큐—까이
5階	고까이		10階	쥭까이/직까이

위치 · 방향

위	우에	上	동	히가시	東
아래	시따	下	서	니시	西
가운데	나까	中	남	미나미	南
왼쪽	히다리	左	북	키따	北
오른쪽	미기	右	앞	마에	前
맞은편	무까이	むかい	뒤	우시로	後ろ
근처	치까꾸	近く	옆	요꼬	よこ
이웃	토나리	となり	사이	아이다	間

일본식 외래어 표현

유럽	Europe	요-롭파	ヨ-ロッパ
맥도널드	McDonald	마쿠도나루도	マクドナルド
뜨거운	hot	홋또	ホット
돈	money	마네-	マネ-
매너	manner	마나-	マナ-
뜨거운 커피	hot coffee	홋또코-히-	ホットコ-ヒ-
핫도그	hot dog	홋또독그	ホットドッグ
맥주	beer	비-루	ビ-ル
빌딩	building	비루	ビル
커피	coffee	코-히-	コ-ヒ-
복사	copy	코피-	コピ-

감정 표현

기쁩니다	우레시-데스	うれしいです
즐겁습니다	타노시-데스	たのしいです
재미있습니다	오모시로이데스	おもしろいです
재미없습니다	쯔마라나이데스	つまらないです
기분좋습니다	키모찌(가)이-데스	気持ち(が)いいです
기분이 나쁩니다	키모찌(가)와루이데스	気持ち(が)わるいです
이상합니다/우습습니다	오까시-데스	おかしいです
행복합니다	시아와세데스	しあわせです
감동하고 있습니다	칸도-시떼이마스	感動しています
사랑합니다	아이시떼이마스	あいしています
좋아합니다	스끼데스	すきです
싫어합니다	키라이데스	きらいです
그저그렇습니다	마-마-데스	まあまあです
부럽습니다	우라야마시-데스	うらやましいです
만족합니다	만조꾸시떼이마스	まんぞくしています
유감입니다	잔넨데스	残念です
슬픕니다	카나시-데스	かなしいです
쓸쓸합니다	사비시-데스	さびしいです
괴롭습니다	쯔라이데스	つらいです
무섭습니다	코와이데스	こわいです
실망했습니다	각까리시마시따	がっかりしました
화가 납니다	하라가 타찌마스	はらがたちます
놀랐습니다	오도로끼마시따	おどろきました
답답합니다(숨이)	이끼구루시-데스	息ぐるしいです
답답합니다	모도까시-데스	もどかしいです
참겠습니다	가만시마스	がまんします
불쌍합니다	카와이소-데스	かわいそうです

가족 호칭

우리 가족	상대방 가족	뜻	가정 내에서
父 (찌찌)	お父さん (오또-상)	아버지	お父さん (오또-상) · 파파
母 (하하)	お母さん (오까-상)	어머니	お母さん (오까-상) · 마마
両親 (료-싱)	ご両親 (고료-싱)	부모	
主人 (슈징) 夫 (옷또)	御主人 (고슈-징) だんなさま (단나사마)	남편	아나따
家内 (카나이) 妻 (쯔마)	奥さん (옥상) 奥さま (옥사마)	아내, 부인 사모님	이름
兄 (아니)	お兄さん (오니-상)	형, 오빠	お兄さん (오니-상). 아니끼
姉 (아네)	お姉さん (오네-상)	누나, 언니	お姉さん (오네-상)
弟 (오또-또) 妹 (이모-또)	弟さん (오또-또상) 妹さん (이모-또상)	남동생 여동생	이름
兄弟 (쿄-다이)	ご兄弟 (고쿄-다이)	형제	
息子 (무스꼬)	息子さん (무스꼬상) (お)坊っちゃん (오)봇짱	아들 도련님	이름, ~짱 · 君 (쿵)
娘 (무스메)	娘さん (무스메상) お嬢さん (오죠-상)	딸 따님	이름, ~짱
子供 (고도모)	子供さん (고도모상) お子さん (오꼬상)	아이	이름
孫 (마고)	お孫さん (오마고상)	손자, 손녀	이름, 君 (쿵) · ~짱